I0166703

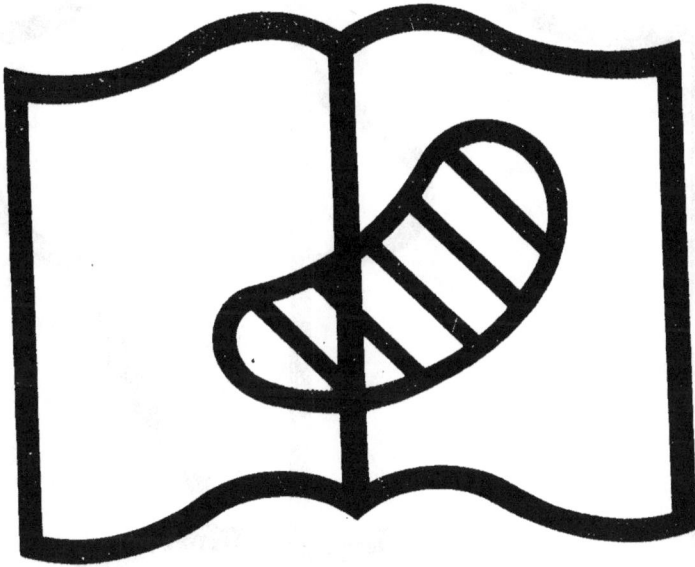

Original illisible

NF Z 43-120-10

Symbole applicable
pour tout,ou partie
des documents microfilmés

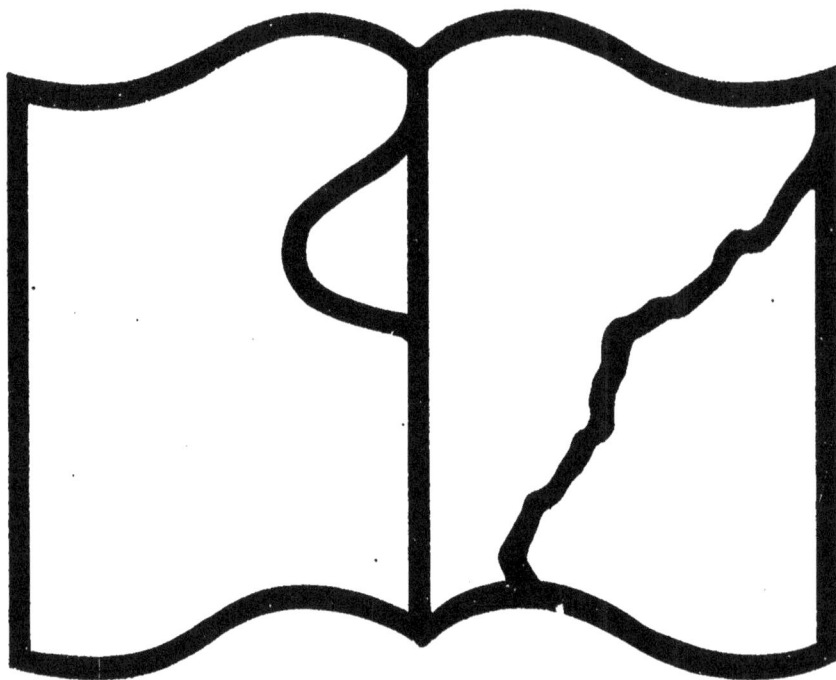

Texte détérioré — reliure défectueuse

NF Z 43-120-11

Symbole applicable
pour tout,ou partie
des documents microfilmés

L'ABSOLU

FÉLIX ALCAN, Éditeur.

AUTRES OUVRAGES DE M. DUGAS

L'amitié antique, *d'après les mœurs populaires et les théories des philosophes.* 1 vol. in-8°, 1894, 7 fr. 50.

Le psittacisme et la pensée symbolique. 1 vol. in-16 de la *Bibliothèque de philosophie contemporaine.* 1895, 2 fr. 50.

La timidité, *étude psychologique et morale.* 1 vol. in-16 de la *Bibliothèque de philosophie contemporaine.* 3e éd., 1903, 2 fr. 50.

Psychologie du rire. 1 vol. in-16 de la *Bibliothèque de philosophie contemporaine,* 1902, 2 fr. 50

L'ABSOLU

FORME PATHOLOGIQUE ET NORMALE
DES SENTIMENTS

PAR

L. DUGAS

Docteur ès lettres, Agrégé de philosophie

L'ENTÊTEMENT
LE FANATISME — L'ASCÉTISME
LA PUDEUR

PARIS

FÉLIX ALCAN, ÉDITEUR

ANCIENNE LIBRAIRIE GERMER BAILLIÈRE ET Cⁱᵉ

108, BOULEVARD SAINT-GERMAIN, 108

—

1904

Tous droits réservés.

PRÉFACE

« La recherche de l'absolu », non dans
l'ordre de l'être ou de la matière,,comme l'entend Balzac, mais dans celui du sentiment,
c'est le titre qui aurait convenu au recueil
d'études psychologiques qui forme ce livre.
Ces études sont autant de monographies distinctes et ont déjà été en partie publiées
comme telles. Mais elles ne laissent pas de
s'éclairer et de se compléter mutuellement, et
le lien qui existe entre elles, leur unité systématique, apparaîtra, je crois, assez clairement
du simple fait de leur rapprochement ou réunion en volume.

L'absolu est une forme du sentir qui s'applique à des fins dignes ou indignes de
l'homme; mais qui peut toujours, en un sens,

être distinguée de son objet, et qui est alors identique à elle-même. Il est la forme naturellement intransigeante de tout idéal conçu.

Met-on, par exemple, sa gloire à avoir une volonté autonome, une personnalité irréductible? Élève-t-on cette prétention à l'absolu? La maintient-on contre les exigences des faits, contre ses propres désirs? Cet état d'esprit s'appelle l'*entêtement*. S'attache-t-on à un idéal politique, social, esthétique ou autre, conçu d'une façon farouche, exclusive et unique? Cela s'appelle le *fanatisme*. S'attache-t-on à un idéal religieux, pris en dehors et au-dessus de la condition humaine, et s'y attache-t-on avec d'autant plus de passion qu'il est plus idéal, j'entends plus contraire à l'expérience commune et à la raison même? C'est alors l'*ascétisme*. L'ascétisme, le *fanatisme*, l'*entêtement* sont les formes, pour ainsi dire, morbides, mais par là même peut-être les plus ressortantes et les plus nettes, du sentiment de l'absolu. Ce sont celles que nous étudions d'abord.

Mais le sentiment de l'absolu a aussi son emploi légitime et normal. La probité, la pudeur, les sentiments les plus nobles, ne comportent pas de degrés, ne se conçoivent que sous la forme intransigeante ou absolue. C'est ce que nous avons montré par l'exemple de la *pudeur*.

Qu'est-ce donc que ce sentiment de l'absolu, qui peut faire le supplice et le tourment des âmes nobles, mais qui est aussi le principe de leur dignité et la sauvegarde de leurs vertus? Quelle est son origine? Sa valeur? Quel est son emploi? C'est la question que nous soulevons ici et à laquelle nous essayons brièvement de répondre.

L'ABSOLU

PREMIÈRE PARTIE

LA MALADIE DE L'ABSOLU :
L'entêtement, le fanatisme, l'ascétisme.

CHAPITRE PREMIER

L'ENTÊTEMENT

Deux questions se posent au sujet de l'entêtement, distinctes, quoique solidaires, qu'il faut craindre de mêler et d'embrouiller l'une par l'autre. Qu'est-ce que l'entêtement au point de vue psychologique ? Comment devons-nous le juger au point de vue moral ? Si nous partions de l'idée couramment admise qu'il est fâcheux ou funeste, si nous avions en vue de le combattre, nous nous mettrions par là même peut-être hors d'état de le comprendre, d'en pénétrer la nature énigmatique

et complexe. Avant de décider et en vue même de
s'assurer si l'entêtement est une qualité ou un
défaut, et dans quelle mesure il est l'un ou l'autre,
nous avons à rechercher simplement ce qu'il est.

A première vue, il semble pouvoir être invoqué
comme un fait à l'appui de la classique distinction
de la volonté et du désir. Il est, en effet, une volonté sèche, s'exerçant en dehors de tout attrait
sensible, ou à l'encontre de cet attrait, s'il existe.
Il est une obstination farouche, soit à ne pas faire
ce qu'on désire, souvent avec le plus d'ardeur,
soit à faire ce qu'on ne désire à aucun degré,
quand ce n'est pas le contraire de ce qu'on désire.
Il est d'autant plus fort qu'il est plus persistant,
plus déraisonnable, si bien que parfois on le soup-
çonne d'être une volonté déguisant sa faiblesse,
cherchant à faire illusion aux autres et à elle-
même. On peut fort bien, en effet, par ses actes,
donner le change sur sa volonté et, par exemple,
faire « non pas seulement ce qui plaît le plus,
mais encore tout le contraire, seulement pour
montrer sa liberté » (Leibnitz). L'entêtement toutefois ne saurait être affectation pure, ou, du
moins, s'il y a un entêtement joué qui procède
de la fausse honte, il faut qu'il y en ait un autre
naturel, dont le premier n'est que la contrefaçon.
C'est cet entêtement vrai et spontané qu'il s'agit
de saisir et de soumettre à l'analyse.

En tant que mode du vouloir, l'entêtement revêt une double forme, il s'exprime par *fiat* ou *velo*. Mais il est plus naturellement peut-être un arrêt qu'une impulsion, une *nolonté* qu'une volonté. Aussi est-ce l'entêtement négatif que nous étudierons de préférence et d'abord.

Cet entêtement consiste à ne pas vouloir ce qu'au fond de soi-même on trouve naturel et raisonnable de vouloir. Ainsi il est naturel de vouloir ce qu'une autre personne nous commande, quand elle est en droit de nous commander et que ce qu'elle nous commande est juste, et il y a entêtement à ne vouloir jamais céder, jamais obéir. C'est si vrai que l'entêtement, dans ce cas, ayant vaguement conscience de son absurdité, se cherche des excuses et se trouve des raisons. Il devient sophistique, il s'érige en système, en principe de conduite. Le têtu donne et prend le change sur ses sentiments ; il les magnifie ; il décore son obstination du beau nom de fermeté, de constance, il appelle fierté son humeur farouche. Il se persuade qu'il agit par dignité, et il obéit en effet plus ou moins à ce sentiment, à partir du moment où il se l'attribue. Mais il faut distinguer l'entêtement voulu, qui se croit raisonnable, et l'entêtement brut ou spontané, qui est et qui a vaguement conscience d'être aveugle et stupide.

Renan, en sa qualité de Breton, tient à passer

pour têtu. Il s'attribue un entêtement systématique, fait d'orgueil et de point d'honneur, qu'il
présente sous les traits les plus nobles. « Pour
moi, dit-il, je me suis entêté à ne pas obéir ; oui,
j'ai été docile, soumis, mais à un principe spirituel,
jamais à une force matérielle, procédant par la
crainte du châtiment. Ma mère ne me commanda
jamais rien. Entre moi et mes maîtres ecclésias-
tiques, tout fut libre et spontané. Qui a connu ce
rationale obsequium n'en peut souffrir d'autre.
Un ordre est une humiliation ; qui a obéi est un
capitis minor, souillé dans le germe même de la
vie noble... Je n'aurais pu être soldat : j'aurais
déserté ou je me serais suicidé (1). » Ne cherchons
pas si Renan ici se calomnie ou se vante, ne dis-
cutons pas ses principes ni l'application qu'il en
tire. Nous trouverions aisément, exprimée en un
langage aussi fier, avec autant de conviction, de
sincérité et de bonne foi, la théorie inverse de
l'obéissance absolue (2). Au point de vue psychologique d'ailleurs, le parti pris de n'obéir jamais et
celui d'obéir toujours se valent : ils traduisent, de

(1) *Souvenirs d'enfance.*
(2) Cf., par exemple, ce que dit Vigny de la grandeur
de l'obéissance militaire, vertu « tout intérieure, pas-
sive, obscure, modeste, dévouée, persévérante », de
« l'honneur de souffrir en silence et d'accomplir avec
constance des devoirs souvent odieux ». (*Servitude et
grandeur militaires*, livr. III, ch. I).

façons différentes, le même état d'esprit. C'est cet état que le mot entêtement désigne.

L'entêtement a pour point de départ un principe arbitrairement ou du moins légèrement admis, élevé à l'absolu, érigé en maxime ou règle de conduite irrévocable. Il est un engagement d'honneur qu'on prend vis-à-vis de soi-même, un serment de fidélité qu'on jure à ses propres idées, le serment de les suivre jusqu'au bout, en tant que siennes, non en tant que justes et fondées. En effet, s'interdire de revenir sur des idées une fois admises, est-ce que cela n'équivaut pas à avouer implicitement qu'on craint pour elles l'examen, et que, pour s'en porter garant, on n'en est pas plus sûr ? On peut fort bien, en effet, être dogmatique par scepticisme, comme on est parfois, suivant le mot de Platon, tempérant par intempérance et courageux par peur. Au point de vue intellectuel, l'entêtement serait donc l'obstination à soutenir un principe imparfaitement établi.

Au point de vue affectif, il est un amour-propre mal placé. L'entêté se persuade, ou veut se persuader, qu'il défend ses idées contre celles d'autrui, qu'il maintient contre l'opinion la liberté de ses jugements, qu'il affirme l'indépendance et la fermeté de son caractère. La seule raison qu'il ait et puisse avoir de ne pas accéder à ses propres désirs est que ces désirs concordent avec des

sollicitations étrangères. Ainsi, pour emprunter à
Loti, peintre admirable de l'entêtement breton,
un saisissant exemple, pourquoi, dans *Pêcheur
d'Islande,* Yann s'obstine-t-il à ne pas demander la
main de Gaud, qu'il aime et dont il se sait aimé ?
Il l'eût fait de grand cœur s'il se fût écouté. « Mais
voilà ! on l'avait tourmenté avec cette Gaud ! Tout
le monde s'y était mis : ses parents, Sylvestre, ses
camarades Islandais, jusqu'à Gaud elle-même !
Alors il avait commencé à dire non, obstinément
non, tout en gardant au fond de son cœur l'idée
qu'un jour, quand personne n'y penserait plus,
cela finirait certainement par être oui. » Loti,
poursuivant la subtile analyse de ce cœur simple,
montre jusqu'à quel point va chez Yann la sus-
ceptibilité d'un amour-propre ombrageux. Yann
rebute ses parents, à peu près comme Pascal re-
butait sa sœur, par un motif d'une autre nature,
mais aussi raffiné : pour ne pas avoir l'air de leur
montrer un amour répondant à l'appel du leur,
et dont l'élan ainsi ne serait pas spontané et libre.
Il fait à Gaud l'aveu de ces complications senti-
mentales : « C'est mon caractère qui est comme
cela, dit-il. Chez nous, avec mes parents, c'est la
même chose. Des fois, quand je fais ma tête dure, je
reste, pendant des huit jours, comme fâché avec
eux, presque sans parler à personne. Et pourtant
je les aime bien, vous le savez, et je finis toujours

par leur obéir dans tout ce qu'ils veulent, comme si j'étais encore un enfant de dix ans. » L'entêtement est ainsi une humeur contradictoire et bizarre, une fausse honte, pleine de subtilités et de détours.

Il est l'amour-propre se jetant au travers des sentiments naturels, empêchant de les suivre, mais n'arrivant pas à les supprimer. Il produit un malaise, un mécontentement de soi-même et des autres. L'entêté se rend compte que son caractère le fait mal juger et méconnaître, et il en souffre, il s'en dépite. Qu'est-ce donc que cette attitude ou cette disposition, dans laquelle il s'obstine, il paraît se complaire, et qui lui est odieuse? En dépit des apparences, elle n'est point une décision de sa volonté, mais une fatalité de son tempérament. Elle paraît insensée, inexplicable. Pourquoi Yann s'obstinait-il, par exemple, à ne pas épouser Gaud? A cela, il n'y a pas de réponse. « De raison, il ne pouvait pas en donner, parce qu'il n'y en avait pas, qu'il n'y en avait jamais eu. Hé bien, oui, tout simplement, il avait fait son têtu, et c'était tout. »

Pour expliquer un état d'âme si étrange, toutes les hypothèses semblent permises. Nous en proposerons une assez paradoxale. C'est que l'entêtement, au moins négatif, le « Je ne veux pas », si énergiquement qu'il soit prononcé, rentre dans l'aboulie, dénote une crise d'irrésolution aiguë, et provient, non pas d'un excès, mais d'un défaut d'impulsion.

Il y a, selon nous, une analogie entre l'entêté qui pense oui et dit non, qui ne veut pas et s'obstine à ne pas vouloir ce qu'il désire, et l'aboulique qui veut agir et ne le peut pas, et cette analogie se précise encore par le fait que la volonté du têtu, aussi bien que la paralysie de l'aboulique, est imaginaire, illusoire, peut céder et prendre fin. Mais, tandis qu'il faut à l'aboulique une secousse pour l'arracher à sa torpeur, il suffit du temps pour vaincre l'obstination du têtu. Cette obstination est une crise qui se dénoue naturellement ou d'elle-même. Tous ceux-là le savent bien qui ont eu affaire à des entêtés. Ils savent que, pour les amener à résipiscence, il ne faut pas les heurter de front, les combattre, il ne faut pas même discuter avec eux, leur parler raison, mais il convient d'attendre discrètement et respectueusement le retour de leur bon vouloir, de laisser passer la tempête ou le bouillonnement des pensées mauvaises et renaître le calme, la paix intérieure et les résolutions sages. L'entêté, en effet, au plus fort de sa crise, sent qu'il devrait prendre la résolution contre laquelle il se raidit ; il voudrait déjà l'avoir prise ; il sait qu'il viendra tôt ou tard à la prendre ; déjà il y tend, mais il n'y peut arriver. Tandis que l'aboulie, improprement nommée, ne paraît être que l'impuissance d'*agir*, l'entêtement est la véritable impuissance de *vouloir*.

D'où vient cette impuissance? De ce que, pour vouloir, il ne suffit pas de dire : « Je veux », mais il faut être porté et soutenu par l'élan du désir. C'est en vain qu'on comprend la nécessité ou l'obligation de se résoudre, c'est en vain qu'on en éprouve le besoin, si on ne sent pas en soi cette impulsion victorieuse qui est la volonté même.

Mais peut-on soutenir que la volonté proprement dite fait défaut aux entêtés, alors qu'elle passe généralement pour être chez eux en excès ? Rappelons qu'il ne s'agit présentement que de l'entêtement négatif, et que cet entêtement est, par définition, la volonté se raidissant contre une résolution à prendre. Pourquoi une telle raideur ne serait-elle pas regardée comme une simple difficulté de vouloir ? L'entêté serait alors, dans l'ordre de la volonté, ce qu'est, dans l'ordre intellectuel, un esprit lent. Un esprit lent peut ne manquer ni de force, ni de pénétration, ni de profondeur ; souvent même il a ces qualités, et il est de plus consciencieux, il ne se rend qu'à la vérité bien comprise, il prend le temps de la reconnaître, de se l'assimiler vraiment. L'entêtement pourrait de même être une volonté forte, mais de formation lente et laborieuse. Il y a des esprits prompts et légers qui croient posséder la vérité quand ils ne font que l'entrevoir et qui vont dans leurs convictions au-delà de ce qu'ils savent ; il y a de même des volontés téméraires qui se décident, si j'ose dire, sans être décidées, et qui dépassent, dans leurs desseins et leurs actes, leur propre mouvement. Prenez le contraire de ces esprits, de ces caractères ; vous avez les lents, les têtus, qui souvent se confondent.

L'entêté paraît résister à sa propre volonté ; en réalité, il veut être deux fois sûr de sa volonté ; c'est à cette condition seulement qu'il la suit. Il est un scrupuleux, un timoré d'une espèce particulière. Il nous arrive souvent de faire ce que nous ne voudrions pas, bien plus, de vouloir ce qui nous est indifférent, ce à quoi nous ne tenons pas. C'est justement à quoi l'entêté répugne. Il est tout entier dans ce qu'il fait, il veut absolument ce qu'il veut. Il regarderait comme une déchéance une complaisance pour autrui, une concession faite à l'ordre des choses, un consentement accordé de guerre lasse. Jamais il ne lui arrivera de dire : « Après tout ! si vous y tenez ! Hé bien, soit ! » L'apparence d'un compromis lui porte ombrage. Mais justement parce qu'il ne veut agir que de son plein gré ou de bonne grâce, il ne peut plus se décider à agir.

En apparence, il s'obstine à ne pas vouloir ce à

quoi sa raison consent et son désir le porte. En réalité, il s'abstient de brusquer ses décisions, et s'applique à suivre exclusivement celles de ses résolutions qui sont pleines, accomplies et mûres. Quand il paraît se détourner de la fin à accomplir, il habitue son esprit à cette fin, il l'envisage longuement, la contemple à loisir, à tête reposée, il en dégage toute la force séductrice, il déloge, pour lui faire place, toutes les idées antagonistes; il ne l'introduit pas dans sa vie comme un élément étranger, il l'adopte vraiment, s'en imprègne, se l'assimile. Quand ce travail d'assimilation est achevé, l'entêtement cesse comme par enchantement; il y a *résolution* au sens propre du mot, c'est-à-dire détente. L'entêtement n'est donc que l'enfantement laborieux de la volonté parfaite. Après cela, il ne faut pas s'étonner si, comme Loti le montre si bien, particulièrement dans *Mon frère Yves*, une exquise douceur de caractère en est souvent la réaction; il faut dire plutôt que c'en est le dénoûment naturel.

Une telle conception cependant n'est-elle pas étroite? L'entêtement est loin d'être toujours *négatif*. Il est souvent une volonté de brute, exaspérée, furieuse, aux explosions terribles. En même temps qu'il s'obstine à ne pas prendre la résolution la plus simple, la plus naturelle, le têtu prendra sans hésiter la plus fantasque, la plus extravagante, la plus contraire à son caractère et à ses goûts. Après avoir paru un aboulique, il se montrera un maniaque ou un forcené. Il ne laisse pas cependant d'être toujours semblable à lui-même : quand il se refuse à suivre ses désirs les plus ardents, il veut affirmer l'indépendance de sa volonté ; il veut l'affirmer encore, quand il poursuit avec acharnement la réalisation de ses plus légers caprices. C'est aussi la même somme d'énergie qu'il dépense dans l'impulsion et dans l'arrêt : sa volonté lâchée donne la mesure de sa volonté tendue. Le doux entêtement est le coup de tête furieux, emmagasiné ou latent, prêt à éclater.

Mais d'où vient que l'entêtement se manifeste par la violence, après qu'il nous avait paru être essentiellement la volonté tendant à se concentrer, à se ramasser sur elle-même? C'est qu'une circonstance accidentelle est venue forcer la volonté dans ses retranchements, en entraver l'élaboration normale, en précipiter les décisions. Le têtu dissipe alors en un instant toute la force qu'il avait accumulée lentement ; il s'engage à fond pour des raisons légères, il joue, comme on dit, son va-tout. Esprit lent que l'imprévu déconcerte et affole, il se trouve forcé d'agir quand sa conviction n'est point faite, de se décider quand sa décision n'est point prise ; il oppose alors un mauvais vouloir à la violence qu'il subit, il se désintéresse de la conduite à suivre, en adopte une, la première venue, et met ensuite au service d'un parti si follement embrassé la sauvage énergie qui lui vient de son dépit, de son humeur contrariée. Ainsi peuvent s'accomplir des actions tragiques : suicide, mariage désastreux, etc. Pour pousser la volonté du têtu aux pires égarements, il suffit parfois de la provocation la plus légère : d'une raillerie, d'une mise au défi.

En résumé, cette volonté est caractérisée par la difficulté qu'elle éprouve à se former, à se développer normalement, et par la facilité avec laquelle elle renonce à se constituer, s'abandonne, se dépite et se porte aux plus grands excès, aux éclats dangereux, aux diversions folles.

De là suivent des conséquences pratiques : l'entêté ne doit pas être morigéné, pris à rebours, mais abandonné à lui-même et aux inspirations de sa conscience. Si on le prend au mot, quand il refuse de céder à la raison, il se bute et ne revient plus ; si on le met au défi d'accomplir les actions les plus extravagantes, si seulement on fait mine de l'en détourner, on provoque le déchaînement de son esprit de révolte, de son démon d'orgueil. Jamais le principe fondamental des théories de Rousseau, le principe de non-intervention en éducation, ou de l'éducation né-

gative, n'a été mieux justifié que dans le cas du
têtu. En effet, si on ne force pas sa volonté, si on
consent à l'attendre, à lui faire crédit, on constate
qu'elle revêt d'elle-même la forme parfaite, non
en ce sens qu'elle serait pratiquement la meilleure,
mais en ce sens qu'elle est adéquate au caractère,
qu'elle est l'expression vraie de la personnalité
entière.

Mais pour faire comprendre et apprécier le têtu
il n'est rien de tel que de l'opposer au caractère
accommodant et souple. L'entêté a plus à cœur
de sauvegarder l'indépendance de sa volonté que
d'atteindre telle ou telle fin. Le souple, au contraire, vise une fin déterminée et, pour l'atteindre,
se fera au besoin violence, surmontera ses répu-
gnances, fera le sacrifice de ses goûts. L'entêtement est la volonté repliée sur elle-même, ayant
uniquement souci de sa dignité, de sa liberté intérieure ; la souplesse, au contraire, est la volonté
tournée au dehors, asservie à l'action, poursuivant le succès.

La volonté du têtu se traduit plutôt par l'abs-
tention ; celle du souple, par l'action. Le premier
suit son propre mouvement sans tenir compte des
circonstances, de l'opinion, de ses convenances
même ou désirs ; il suit de là que sa volonté est
souvent empêchée, reste vaine, est un geste plus

qu'un acte. Le second, au contraire, considère ce qu'il peut pour savoir ce qu'il veut; il règle sa volonté sur les choses, il ne se permet pas d'avoir une volonté à lui, tirée de son caractère, non des circonstances; il suit de là que sa volonté s'exerce toujours d'une façon efficace.

Mais alors que le têtu est tout entier dans le moindre de ses actes, on peut dire que le souple est étranger à ses actes. Il ne croit pas qu'aucun d'eux intéresse sa dignité, ou plutôt il met sa dignité uniquement à raisonner juste, à bien combiner ses actes, à tirer de chaque situation donnée le parti le meilleur. Tandis que le têtu se montre d'une fierté farouche, le souple paraît même dénué d'amour-propre.

Il ne se révolte jamais ni contre les personnes, ni contre les choses. Il ne fait pas le procès aux circonstances, il en prend acte, il les considère comme les données uniques des problèmes que la vie lui pose. Il entre entièrement dans la situation qui lui est faite, alors qu'il ne l'eût point choisie; il se l'approprie, il en déduit les conséquences. Il est souvent ou paraît effronté, cynique, par cela seul qu'il est exclusivement pratique, qu'il s'engage dans la voie tracée par les circonstances, sans s'inquiéter de savoir si la fin poursuivie et les moyens employés s'accordent avec sa dignité personnelle, sans songer même à établir aucun lien entre son caractère et ses actes.

Il accepte les personnes comme les événements. Leur caractère, leur moralité sont des faits qu'il enregistre, qu'il ne discute ni ne juge, mais dont il tient compte. Les hommes n'existent pour lui que comme obstacles ou moyens d'action.

Il accepte de même son propre caractère. Il connaît le fort et le faible de sa nature, il a évalué ses ressources, il a pris sa mesure. Il va son chemin, sûr de lui, car il sait ce qu'il peut et où il va. Il ne s'interroge pas d'ailleurs sur ce qu'il doit, et il ne s'inquiète pas de ce qu'il vaut.

L'entêté, avons-nous dit, est un esprit lent ; c'est aussi qu'il entre dans des considérations étrangères à l'action, qu'il s'embarrasse de principes, de règles. Le souple, au contraire, a l'esprit d'à-propos, le coup d'œil prompt et sûr ; c'est aussi qu'il simplifie tout et que, dans la conduite à tenir, il ne voit autre chose que la solution logique d'une situation donnée avec des moyens donnés. L'étroitesse du point de vue et la vivacité d'esprit, c'est là, intellectuellement, tout le cynisme, j'entends le cynisme naïf, le tempérament fruste qui n'a pas conscience de sa grossièreté, et dont l'immoralité n'est guère qu'amoralité. C'est ce cynisme qui s'étale dans les romans de Maupassant, cynisme supportable et même plein de saveur, qui est une infirmité autant qu'un vice, et qui cesse presque d'être odieux pour devenir comique.

La stupidité du têtu n'est pas foncière, mais accidentelle ; elle est lenteur d'esprit, difficulté d'assimilation ; elle n'est pas inintelligence. Inversement, la souplesse d'esprit, liée à la souplesse de caractère, est une qualité trompeuse, une faculté d'assimilation plus apparente que réelle ; elle n'est pas vraiment intelligence. C'est ce que Bourget indique finement dans ce portrait de l'intellectuelle d'outre-mer, dont les traits sont applicables à un grand nombre d'esprits. Elle « a tout lu, tout compris, et cela non pas superficiellement, mais réellement. Le malheur est que cette intelligence, capable de tout s'assimiler, est incapable de rien goûter. » Elle connaît toutes les œuvres, « seulement elle ne les distingue pas. Elle n'a pas une notion qui ne soit exacte, et vous avez cette étrange impression : c'est comme si elle n'en avait pas. » Le caractère souple paraît de même être la perfection de la volonté : il est la volonté adaptée à tous les événements, guidée par la réflexion et opérant toutefois avec la sûreté et l'instantanéité d'un réflexe. Mais cette volonté qui se meut avec tant d'aisance n'est qu'un mécanisme bien monté et jouant bien ; elle ne se juge pas, elle ne s'interroge pas sur sa raison d'être, elle appartient à son œuvre, elle ne s'ap-

partient pas à elle-même, elle n'est pas libre. Elle
se projette au dehors, elle se dissipe, elle s'aliène,
elle ne se possède pas vraiment. Ses actes lui sont
supérieurs ou plutôt extérieurs, tout ainsi que les
esprits dont parle Bourget ont des connaissances
qui les dépassent, qui sont en eux et ne sont pas
à eux.

La souplesse est donc aussi éloignée que l'entêtement de la volonté normale. Celle-ci renferme
deux éléments : l'un formel, l'autre matériel ; elle
est un état d'âme ou disposition intérieure et elle
est un acte. Ces éléments viennent-ils à se disso-
cier ? La volonté cesse-t-elle d'être une activité
transitive, renonce-t-elle à se produire au dehors,
ou seulement fait-elle bon marché de ses mani-
festations et de ses actes, se retranche-t-elle toute
dans le for intérieur et se prévaut-elle uniquement
de ses intentions ? Alors elle s'exerce à vide, devient une parade vaine ; mais, de plus, elle subit
une déformation étrange : elle devient une infa-
tuation sotte et une exaltation à faux ; elle devient
cette disposition bizarre, compliquée et puérile,
cette alternative de faiblesse et de violence, qu'on
appelle l'entêtement. Au contraire, la volonté est-
elle tournée tout entière vers l'action, est-elle uniquement une combinaison savante de moyens et
de fins, une habileté, un art, et cet art, le suppose-
t-on porté à la perfection, opérant avec une sûreté

infaillible? Nous sommes alors plus loin encore de la volonté proprement dite. Il n'y a rien de commun, en effet, entre le savoir-faire et la décision volontaire. Le plus habile homme peut manquer totalement de caractère et ne pas soupçonner même en quoi consiste l'usage de la liberté.

On peut admettre que les systèmes éthiques sont des miroirs spéciaux que les différents types d'hommes ont fabriqués pour leur usage et dans lesquels ils se regardent avec complaisance. On dira alors que le formalisme renvoie à l'entêté son image, systématisant ses aspirations et ses prétentions, tandis que l'utilitarisme est la justification théorique de la souplesse telle que nous l'avons définie. On convient généralement que le formalisme et l'utilitarisme sont faux en tant qu'exclusifs, qu'il faut les corriger et les compléter l'un par l'autre. Cela revient à dire que, comme la véritable intelligence est l'alliance intime de l'expérience et de la raison, la véritable volonté est la synthèse de l'initiative personnelle et de la soumission pratique à l'ordre des choses.

CHAPITRE II

LE FANATISME

L'activité humaine, sous sa forme normale, est un milieu entre deux extrêmes : l'idée pure et l'acte pur, l'idée pure étant celle qu'aucun acte ne suit, l'acte pur (le réflexe), celui qu'aucune idée ne dirige.

Que l'idée soit ou qu'elle doive être le guide de la conduite, c'est ce que personne ne conteste; mais que l'action, de même, soit, en droit et en fait, le modérateur ou le « réducteur » de l'idée, c'est ce qui, quoique aussi rigoureusement vrai, ne paraît peut-être pas aussi évident.

Ainsi, à première vue, il est paradoxal de soutenir que la pensée, sous sa forme la plus haute, la philosophie et la science, ne dépasse point les fins de l'action. Cependant il faut s'entendre. Les philosophes qui prennent pour devise : « Savoir,

c'est prévoir, afin de pourvoir », ou, plus brièvement : « Savoir, c'est pouvoir », n'entendent pas
limiter le domaine de la science. Ils élargissent
seulement celui de l'action. Ils admettent dans ce
qu'elle a de fondé la spéculation pure ; ils font
cette remarque qu'une théorie doit être jugée
d'après l'ensemble de ses résultats, éloignés et pro-
blématiques, aussi bien qu'immédiats et prochains,
et qu'ainsi, à proprement parler, il n'y a point de
théorie qui soit pure, ou qui, du moins, soit as-
surée de le rester, « car les applications les plus
importantes dérivent constamment de théories
fondées dans une simple intention scientifique ».
C'est ainsi, par exemple, dit Auguste Comte, que
« les plus belles spéculations des géomètres grecs
sur les sections coniques ont servi, en détermi-
nant la rénovation de l'astronomie, à conduire
finalement l'art de la navigation au degré de per-
fectionnement qu'il a atteint (1) » de nos jours.

La spéculation pure se justifie encore à un autre point de vue : elle est le plus haut exercice de
l'esprit, celui qui forme et affine l'instrument logique, source de tout progrès dans la science et
dans l'art. Il n'y a donc pas de théorie, qui, de près
ou de loin, n'intéresse la pratique (en donnant à
ce mot son vrai sens, et non celui de l'utilita-

(1) *Cours de philosophie positive*, 2ᵉ leçon.

risme vulgaire), et qui ne tire sa valeur, soit de
la réalité établie ou présumée de ses applications,
soit de sa portée logique, laquelle est elle-même
la garantie de sa puissance inventive et le pronos-
tic de ses découvertes dans l'ordre du réel. Faut-
il ajouter que la philosophie, aussi bien que la
science, s'est toujours défendue d'être oiseuse,
autrement dit, a toujours tenu à honneur d'être
utile, d'une utilité sans doute indirecte, mais
réelle et profonde ?

Mais la relation entre la pensée et l'action n'exis-
tât-elle point dans tout ordre de connaissances en
général, elle existerait toujours dans l'ordre moral
et social. On se propose ici de chercher ce qui,
psychologiquement, se produit lorsque, dans cet
ordre, elle est laissée de côté ou méconnue.

Logiquement, l'idée est une fin, et, comme telle,
elle ne peut être posée qu'à titre hypothétique, en
ce sens que sa réalisation dépend du mécanisme
de la nature, et que la connaissance de ce mécanisme, autrement dit des conditions matérielles
de l'action, entre elle-même, ou doit entrer, dans
l'idée, à titre de principe limitatif. Ainsi la théorie
fonde la pratique, mais la pratique, à son tour,
juge la théorie. L'expérience est le critérium de
la vérité : elle est la mise à l'essai des possibles,
la détermination du réel ; elle éprouve les idées
et en fixe la valeur.

D'autre part, au point de vue psychologique,
l'idée est une force, un principe d'action, d'action
immanente ou transitive. Elle tend à produire :
1° la croyance à la réalité de son objet ; 2° des
actes conformes à cette croyance. Supposons que
cette force ne trouve pas son emploi (c'est-à-dire
que la fin posée ne puisse être atteinte), elle ne
sera pas pour cela anéantie, mais transformée,
elle ne sera pas perdue, mais déviée. Ce sont ces
déviations de l'idée que nous allons étudier, et,
comme les personnes qui y sont surtout, mais non
d'ailleurs exclusivement sujettes, sont « les personnes d'étude » (Malebranche), c'est la mentalité propre aux intellectuels, l'échauffement des
cervelles, la griserie des idées, que nous allons
décrire.

L'idée pure, telle qu'on l'a définie, ne peut être
qu'un phénomène anormal. Psychologiquement,
elle est un acte ou un jugement qui avorte; logiquement, elle est une fin indûment posée ou une
objectivation à faux ; et la faiblesse de l'idée, au
point de vue pratique, son inefficacité, va de pair
avec sa faiblesse logique, sa fausseté.

L'idée normale étant celle qui engendre un jugement, puis un acte, bien plus, un jugement
vrai, un acte approprié, l'idée pure sera celle qui
ne suscite plus d'actes ou qui ne suscite plus de
jugements, ou qui ne suscite plus que des actes

vains ou des jugements faux. Nous distinguerons
dans l'idée pure trois degrés : l'idée qui engendre
encore des actes, mais n'engendre plus que des
actes vains, dérisoires et fous, — l'idée qui n'engendre plus d'actes, et engendre encore des jugements, mais n'engendre plus que des jugements
matériellement faux, — enfin l'idée qui n'engendre plus ni actes ni jugements.

I

Etudions d'abord les idées qui se manifestent
par des actes, mais ne se règlent pas sur les actes.
Ces idées ne se réalisent qu'en apparence, d'une
façon illusoire, et, en ce sens, elles sont de pures
idées.

Rigoureusement parlant, il n'y a point d'idée
qui soit pure, puisqu'il n'y en a point qui ne tende,
selon les lois du mécanisme psychologique, à
passer à l'acte, qui ne se pose à quelque degré
comme une fin. Mais il y a des fins indûment posées, des idées chimériques, irréalisables, et il est
conforme à l'usage d'appeler idées pures celles
qui ont ce caractère. Il faut donner le même nom
aux idées que l'on pose d'une façon absolue, à
titre de fins qui doivent être atteintes, sans que
d'ailleurs on sache ni on s'inquiète de savoir si

elles peuvent l'être, et comment, et dans quelle
mesure. Or, en ce sens, toutes nos idées sont primitivement pures, car elles se posent d'emblée
comme absolues. L'expérience ultérieure vient les
rectifier, les « réduire », les rendre « pratiques ».
Beaucoup d'entre elles toutefois gardent toujours
leur élan initial, j'allais dire leur naïveté, leur
candeur ; elles se maintiennent en face de l'expérience qui les contredit ; elles ne se laissent entamer ni réduire ; elles restent ce qu'elles sont,
elles sont intangibles. A de telles idées, on donne
le nom d'utopies ou de chimères. Il n'est point
sans doute au pouvoir de l'utopiste de vaincre la
résistance que lui oppose l'ordre inéluctable des
choses ; mais cette résistance qui l'exaspère, il
s'obstine à la briser, ou il met son amour-propre à
ne pas la sentir. A ce degré, l'utopie s'appelle le fanatisme. Le fanatique est l'esprit « préoccupé » (1),
prévenu, enivré de ses idées, infatué de lui-même,
fermé à l'expérience, en révolte contre elle, chez
qui « la vérité, même physique, n'a point d'accès, soit parce qu'il est incapable de la comprendre, soit parce qu'il a besoin de l'exclure. Il
est donc obtus ou charlatan, et, de fait, il est l'un
et l'autre (2) » (Taine).

(1) Expression de Malebranche.
(2) Sur la psychologie du fanatique, voir Taine : *Ori-
gines de la France contemporaine ; la Révolution ; Psycho-*

L'esprit de chimère et le fanatisme sont liés l'un à l'autre ; ils procèdent tous deux d'une « imagination forte », de « cette constitution du cerveau qui le rend capable de vestiges et de traces extrêmement profondes, et qui remplissent tellement la capacité de l'âme qu'elles l'empêchent d'apporter quelque attention à d'autres choses qu'à celles que ces images représentent (1) ». L'idée chimérique est celle qui ne rencontre pas d'idées antagonistes, ou n'en rencontre pas d'assez fortes pour la déloger de l'esprit ; le fanatisme est la volonté ou force impulsive qu'une telle idée dégage.

L'esprit de chimère et le fanatisme sont encore proportionnés l'un à l'autre ; ils s'impliquent, s'engendrent et se soutiennent si bien qu'on peut conclure d'abord de l'un à l'autre, puis du degré de l'un à celui de l'autre. Est-ce la passion du fanatique qui le fait passer outre à l'absurdité de ses idées, l'empêche de la sentir, ou bien est-ce l'obtusité, l'aveuglement de l'esprit qui produit la sauvagerie, les excès du fanatisme ? Question vague, qui se résout différemment suivant les cas, et même vaine, mal posée, car le fanatisme et la

logie des Jacobins; Portraits de Robespierre, de Danton, de Marat, et passim.

(1) Malebranche, _Recherche de la vérité_, II, 3ᵉ partie, chap. I.

chimère ne se conçoivent pas séparément, agissent et réagissent l'un sur l'autre, ne sont rien autre chose que les aspects divers d'un même tempérament.

Selon les psychologues du xviie siècle (Pascal, Malebranche), l'imagination est une force aveugle, distincte de l'entendement. Livré à une telle force, l'esprit ne juge ni ne raisonne : il est étourdi, subjugué, entraîné. On appelle « visionnaire » ou halluciné celui qui subit la fascination d'une idée, et fanatique celui qui suit l'impulsion de cette idée. Le visionnaire est, en outre, un esprit échauffé, que n'émeut pas la contradiction ; le fanatique, une volonté impulsive, que n'arrêtent pas les échecs. « L'automatisme de la pensée et le tétanos de la volonté, sous la contrainte et la direction de l'idée fixe » (1), telle est la définition que Taine donne de ces deux états qui se tiennent, se complètent, et, à vrai dire, n'en font qu'un.

Considérons le visionnaire aux prises avec la réalité. Sa conduite revêt deux formes : elle est une bravade ou une parade ; elle est une fureur d'énergumène, ou une parodie de l'action, un cabotinage. Mais toujours elle est hors du sens commun, pris ici pour le sens du réel.

Le visionnaire est d'abord un fanatique. L'idée

_____

(1) *Portrait de Marat.*

qui le hante lui ferme l'accès des idées, et même
des perceptions contraires. Il est lancé dans une
direction unique : il s'y précipite de toute la force
d'un élan spontané et aveugle. Des obstacles se
dressent devant lui de toutes parts, venant des personnes, des choses ; il s'en irrite, les brise et poursuit sa route. D'autres résistances surgissent qu'il
ne peut vaincre. Il en conçoit un dépit qui va jusqu'à la fureur ; il devient cruel, emporté, violent.
Mais les événements confondent en vain ses pro-
jets ; ils ne lui en font pas comprendre l'absurdité
et la chimère ; l'expérience l'exaspère, elle ne
l'instruit point. Il ne remonte pas à l'origine de
ses idées ; il ne les met pas en question, il ne les
contrôle pas, il ne les juge pas, il les suit. Mettez
au service d'un esprit ainsi fermé un caractère
résolu, des passions énergiques ; vous avez l'inquisiteur, le fanatique de toutes les sectes. Même,
pour produire un tel monstre, il n'est pas besoin
d'une nature vigoureuse : un « cuistre » suffit, c'est-
à-dire un esprit sec, compassé, muré dans son
dogme, un tempérament froid, exempt de passions, d'intérêts, de besoins, un rêveur enfin,
comme Robespierre, chez qui la cruauté n'est que
l'opiniâtreté d'un cerveau dur et étroit. De même,
un inquisiteur du moyen âge n'avait pas nécessairement l'âme plus noire qu'un procureur de
nos jours : il lui suffisait, pour remplir son abomi-

nable tâche, de n'en pas mettre en doute la légitimité, l'utilité sociale, et, après cela, de manquer d'entrailles, ou simplement d'impressionnabilité, de nerfs, bref, d'être *inhumain*, suivant la belle expression française, au sens négatif du mot. L'obtusité de l'esprit, ou le déchaînement de l'idée fixe, peut engendrer, à elle seule, tous les crimes.

Quand on dit que le fanatique est « visionnaire », il faut d'ailleurs entendre qu'il l'est « d'une manière délicate et assez difficile à reconnaître », et qu'il ne l'est « qu'à demi » (Malebranche). Il se rend vaguement compte de l'absurdité, de l'énormité de ses actes ; mais il s'étourdit, s'aveugle, ne veut rien savoir ; il s'entête et résiste à l'évidence, cédant sans doute à l'entraînement des idées, mais soutenu aussi par des passions à côté, par des intérêts bas, mesquins, par la simple vanité, etc. Il s'insurge contre les lois de l'expérience, il renie les principes élémentaires de la raison, de la conscience ; mais il ne peut se maintenir dans cette disposition violente et contre nature que par une sorte de défi, de gageure : il se raidit donc, se bute, joue son va-tout ; c'est un téméraire autant qu'un halluciné.

Ce qui autorise à le juger ainsi, c'est l'évolution qu'on le voit accomplir : il passe, avec une désinvolture étrange, du fanatisme au charlatanisme. Il ne persévère pas dans la voie de la vio-

lence où il est d'abord entré : l'instinct de conservation l'avertit qu'il se perd par ses propres excès,
qu'il ne peut manquer de succomber sous le coup
des résistances qu'il provoque, et d'être à la fin
vaincu par la force des choses. Il se reprend alors,
se ressaisit et se retourne. Il renonce à *réaliser*
ses idées, et se contente de les *manifester*. Incapable d'agir d'une façon efficace, il fait le geste
et le simulacre de l'action, et se console ainsi de
son impuissance, ou plutôt se la déguise à lui-
même. Il lui plaît de dire et il arrive à croire que
la manifestation d'une idée suffit au triomphe de
cette idée, si même elle n'est pas supérieure en un
sens à sa réalisation. En effet, ce qui importe avant
tout, n'est-ce pas de poser des principes, de les
affirmer à la face du ciel, de donner des leçons et
des exemples au monde? Les actions matériellement vaines sont jugées hautement significatives.
On ne regarde pas aux résultats obtenus, mais
aux fins visées. On ne se préoccupe pas de réussir
dans une entreprise ; on s'en reconnaît incapable,
on n'en cherche pas les moyens, mais on se fait
honneur d'en prendre l'initiative, d'en avoir l'idée.
Ainsi un Parlement votera un crédit insuffisant,
dérisoire, à titre... d'indication ! On rédigera des
programmes, on décrétera des lois qu'on sait
inapplicables.

Ici l'idée est simplement isolée du fait. En

d'autres cas, elle sera supposée résider en des faits qui ne l'impliquent point, et même qui l'excluent. Les esprits subtils donnent aux événements le tour qui leur plaît ; ils interprètent dans le sens de leurs théories les faits mêmes qui confondent ces théories. « Lorsqu'on frappa Caton au visage, il ne se vengea point ; il ne pardonna point aussi, mais il nia fièrement qu'on lui eût fait quelque injure... Ne pouvant ou n'osant tirer une vengeance *réelle* de l'offense qu'il avait reçue, il tâche d'en tirer une *imaginaire*, et qui flatte sa vanité et son orgueil. Il s'élève en esprit jusque dans les nues ; il voit de là les hommes d'ici-bas comme des mouches, et il les méprise comme des insectes incapables de l'avoir offensé et indignes de sa colère. » C'est « cette vision » qu'on appelle « une pensée digne du sage Caton » (1) (Malebranche). De même, lorsque A. Comte cessa de recevoir le « subside anglais », il flétrit d'abord la conduite de ces riches indignes qui ne comprennent pas que sur eux retombe, dans la société moderne, le devoir d'assistance envers le génie ; puis il reconnut qu'un plus bel et plus touchant hommage serait rendu à ses services envers l'humanité, si les « prolétaires » participaient selon leurs ressources au

(1) Malebranche, *Recherche de la vérité*, liv. II, 3ᵉ partie, chap. IV.

« subside positiviste », et il décréta alors où approuva le prélèvement sur le salaire des humbles du « sou quotidien ». Ainsi il développait la théorie du subside, en élargissait le principe, en tirait toutes les conséquences et les poussait à l'extrême, au moment précis où les faits établissaient à quel point cette théorie était inapplicable, chimérique et décevante. C'est qu' « aussitôt qu'un esprit est préoccupé, dit Malebranche, il n'a plus tout à fait ce qu'on appelle le sens commun. Il ne peut plus juger sainement de tout ce qui a rapport au sujet de sa préoccupation ; il en infecte tout ce qu'il pense » (1).

D'une manière générale, pour les esprits prévenus, les actions humaines, y compris les leurs, ne sont plus simples : elles prennent une signification à côté ou métaphorique ; elles deviennent des symboles. Ainsi les moindres actes de A. Comte sont des démonstrations, des déclarations de principes ; le détail de sa vie, minutieusement réglé, est une profession de foi qu'il renouvelle sans cesse, un hommage perpétuel qu'il rend à ses idées, sous des formes diverses, souvent bien indirectes, bien inattendues et bien étranges. (Voir son *Testament*, le *Catéchisme positiviste*.) Nous retrouvons chez Robespierre, nous retrouverions

(1) Ouv. cité, liv. II, 2ᵉ partie, chap. VI.

chez maint autre le même tour d'imagination, le même goût de l'action théâtrale et vide, le même accomplissement grave des rites symboliques, poussé jusqu'à la puérilité et la niaiserie.

Pour qui la juge du dehors, en spectateur détaché, cette attitude est du charlatanisme ou de la parade. Je n'emploie pas d'ailleurs ici le mot charlatanisme comme une injure ; je n'en use que parce qu'il est clair et se présente à l'esprit de lui-même. Le charlatanisme, tel que je l'entends, est sincère, dans le sens du moins où le fanatisme l'est aussi, et exactement au même degré.

Le charlatanisme et le fanatisme sont en effet de même nature. D'abord ils se rencontrent ensemble chez le même individu (exemple : Robespierre) et font bon ménage. Ensuite ils se déduisent logiquement l'un de l'autre, expriment, de façons différentes, le même caractère, et se suppléent au besoin : le charlatanisme est la métamorphose prévue du fanatisme impuissant, et le fanatisme, l'attitude naturelle du charlatan qui dispose inopinément de la force. Enfin ils se rattachent au même principe, dérivent tous deux de l'esprit de chimère : le visionnaire change de nom, s'appelle fanatique ou charlatan, suivant qu'il est brutal ou rusé. Le fanatique poursuit la réalisation de sa chimère par tous les moyens : injustes, brutaux, inefficaces et absurdes ; le charlatan

projette sa chimère, comme une ombre vaine, sur
tous les actes ou événements de sa vie, sur ceux
mêmes qui n'y peuvent avoir aucun rapport, et
s'expliquent autrement, de la façon la plus naturelle, la plus simple; l'un transporte son rêve dans
la vie, le matérialise; l'autre étale sur la vie la
broderie de son rêve; l'un est un maniaque féroce,
l'autre, un doux monomane; chez les deux, l'imagination suit des voies différentes, mais l'illusion
est la même.

Il suit de là que le fanatisme et le charlatanisme
auront des caractères communs. Ainsi ils sont des
formes de l'esprit élémentaire et simpliste. Cependant il n'en faut pas peut-être exagérer la candeur.
Il est plus difficile qu'on ne pense de manquer de
bon sens, au moins d'une façon complète, systématique et suivie. La vérité se fait jour, ne fût-ce
que par éclairs, dans les esprits prévenus : les
plus emballés ont leurs moments de sang-froid ;
les plus fous, leurs lueurs de raison. Il se peut
donc fort bien que le parti pris se glisse, à côté
de l'illusion imaginative, dans l'âme du fanatique
et du charlatan. Les violences de l'un, les paradoxes ou subtilités de l'autre doivent nous mettre
en défiance. Je sais bien qu'on croit trouver souvent dans leur outrance même la preuve d'une
irrationalité entière, et que, d'autre part, les actes
du fanatique, les illusions du charlatan peuvent

s'expliquer à la rigueur par le mécanisme de l'idée fixe. Toutefois ce mécanisme n'explique point ce qu'il y a dans ces actes de farouche, d'inquiet, et dans ces illusions, de sophistique et d'alambiqué. L'emballement sous toutes ses formes garde quelque chose de louche : il n'arrive pas à se satisfaire, il n'est point sûr de lui-même. Il n'est que l'apparence d'une conviction.

Rien de plus équivoque, de plus trompeur que les mots qui rentrent dans le vocabulaire des injures. Ainsi l'épithète de sceptique n'a point de sens : les esprits se la renvoient les uns aux autres, et on ne sait plus au juste à qui elle convient. Ne serait-il pas cependant conforme au bon sens, autant qu'il est contraire à l'usage, d'appeler sceptiques ceux qui suivent jusqu'au bout leurs idées, ne leur opposant ni frein ni contrôle ? Les plus croyants ne sont pas les mieux croyants. Se jeter tête baissée dans une opinion, l'embrasser avec force, mais n'en avoir pour garant que l'élan même avec lequel on s'y porte, que la force avec laquelle on l'embrasse, c'est obéir à un sentiment, oh ! très personnel, très sincère, mais ce n'est point avoir une conviction. La conviction est raisonnée ; c'est donc en vain qu'y prétendent le fanatique et le charlatan. Ils s'efforcent d'y atteindre, mais ne parviennent qu'à la remplacer. Ils y suppléent par l'audace des affirmations. Le fanatisme, peut-on

dire, est une tentative exaspérée pour se faire une
conviction qui manque. L'emballement du fanatique, — auquel, en raison de la pauvreté du langage, il faut bien pourtant donner le nom de
croyance, — se distingue de la conviction proprement dite en ce que les forces naturelles qui engendrent et soutiennent toute croyance, le pouvoir
hallucinatoire des images, l'entraînement, des
habitudes, sont, dans le cas du fanatisme, déchaî-
nées, toutes-puissantes, et, dans celui de la conviction, disciplinées et soumises au contrôle de
l'expérience et de la raison. L'idée livrée à elle-
même, s'affranchissant des conditions de la réalité
et de la possibilité même, se traduisant d'emblée
en jugements et en actes, tel est l'esprit de chimère,
qu'il se manifeste sous la forme du fanatisme ou
du charlatanisme.

II

Dans le cas du fanatisme et du charlatanisme,
le lien entre l'idée et l'acte est artificiel : ou l'idée
se réalise indûment, ou elle ne se réalise qu'en
apparence. Il est un autre cas où ce lien ne paraît
même plus exister : c'est celui où la parole rem-
place l'action.

L'idée alors non seulement ne se réalise plus,

mais n'aspire plus à se réaliser ; il lui suffit de se
traduire, ou, comme on dit, de se produire ; au
lieu de se dépenser en effets utiles, elle s'évapore
en gestes et autres mouvements expressifs. C'est
ce que Napoléon désignait sous le nom d'*idéologie*.
« Il avait en haine ceux qui broient à vide, les
moulins inutiles », il détestait en eux « des forces
perdues et rien ne l'irritait comme le gâchis et le
déchet » (1).

L'idée étant considérée comme une force, la
parole et l'action sont les voies par lesquelles cette
force s'écoule. La parole entre donc en rivalité
avec l'action : elle peut en détourner la source. En
fait, on remarque que ceux qui parlent n'agissent
point, ou font, comme on dit, plus de bruit que
de besogne, et inversement que ceux qui agissent
ne se répandent point en paroles. *Res, non verba.*
Si nous supposons que la force d'une idée est
constante, ce que cette idée perdra en pouvoir
efficace, elle devra le gagner en valeur expressive.
N'est-ce pas ce qui s'observe ? Plus on conçoit
les choses sous la forme pratique, plus on en parle,
— s'il arrive d'en parler, — d'une façon sobre, d'un
ton uni, sans vanterie ni emphase. Plus au contraire on se place au point de vue de l'orateur,
c'est-à-dire de l'homme dispensé d'agir, plus,

(1) *Alphonse Daudet*, par Léon Daudet, p. 270.

d'autre part, l'idée qu'on se forme des choses est chimérique, vaine ou de pure théorie, plus le geste s'élargit, plus la voix s'élève, devient chaude, vibrante, plus le style est lyrique et véhément. La force de l'idée, qui ne s'emploie pas au profit de l'action effective, se déploie ainsi au profit de ce que la rhétorique appelle encore, par dérision ou par abus, l' « action », ou produit d'autres « effets » du même genre.

Le geste, la parole sont donc l'équivalent mécanique de l'acte proprement dit. Ils en sont aussi, si j'ose dire, l'équivalent psychique : ils sont pris, en effet, par une illusion imaginative, pour cet acte lui-même, témoin l'anecdote suivante. « Quand Mme de F... a dit joliment une chose bien tournée, *elle croit avoir tout fait*. M. de M... disait d'elle que, quand elle a dit une jolie chose sur l'émétique, elle est toute surprise de n'être point purgée » (Chamfort). A ceux qui se défieraient des vérités qui revêtent une forme piquante, nous soumettrons les simples réflexions suivantes : Est-ce que, dans notre pensée, dire aux gens leur fait n'équivaut pas à se venger d'eux ? Est-ce que la théorie catholique, d'après laquelle confesser une faute, c'est déjà l'expier, n'est pas la consécration d'un sentiment humain ? Est-ce que ceux qui donnent un conseil sont bien éloignés de croire qu'ils rendent matériellement un service ? Est-ce que tel

livre, tel discours, qui ne doivent point pourtant,
on le sait, changer la face du monde, ne sont pas
appelés communément des « actes » ? Est-ce que,
d'une façon générale, entrevoyant les actions par
delà les paroles, on n'attribue pas aux unes ce qui
ne convient qu'aux autres ? Est-ce qu'on ne prend
pas ses fantaisies, ses espérances pour des réalités ? Est-ce que nous ne ressemblons pas tous
plus ou moins au méridional qui n'agit point, mais
fait des gestes de l'action, et, ce faisant, se donne
l'illusion d'agir ?

Bien plus, il s'est trouvé des esprits systématiques pour soutenir que la parole équivaut à
l'acte, non seulement en fait, mais en droit.

Oui, vous tous comprenez que les mots sont des choses!

a dit Hugo (1). Pour le commun des hommes,
la tirade éloquente, le beau geste, le panache se
confondent avec l'action héroïque ; pour les apo-
logistes fougueux ou raffinés du verbe, ils s'en
distinguent, mais c'est le geste ou la parole qui
l'emporte sur l'action. Ainsi, proclamer le droit
vaut mieux que l'appliquer, car le droit qu'on pro-
clame est absolu et pur, tandis qu'on ne réalise
jamais qu'une justice imparfaite et médiocre. Le
principe est supérieur aux actes, et il n'apparaît
peut-être dans sa sublimité qu'autant qu'il est

(1) *Les Contemplations, Réponse à un acte d'accusation.*

purifié de tout contact avec le réel. N'est-il pas,
suivant une comparaison célèbre, comme la pierre
précieuse qui tire sa valeur d'elle-même, non de
l'usage auquel on l'emploie? Ne suffit-il pas dès
lors de le formuler en style lapidaire? D'autre
part, on se dit qu'à la rigueur il suffit de le poser,
que les conséquences en sortiront, en devront
sortir d'elles-mêmes.

Ainsi une idée continue de s'affirmer après
qu'elle ne se réalise plus, et elle s'affirme même
d'autant plus énergiquement qu'elle est, ou risque
d'être, plus platonique; elle gagne en valeur à nos
yeux ce qu'elle perd en efficacité; un idéalisme
hautain nous déguise notre impuissance dans
l'ordre de l'action, ou nous en console et nous
venge. L'idée qui se satisfait de n'être qu'une idée,
ou au plus une tirade sonore, bien mieux, qui se
croit sublime parce qu'elle est irréalisable, l'idée
qui s'élève au-dessus des faits, les dédaigne ou
les brave, comme celle qui s'exprime par la maxime
fameuse : *Pereat mundus, dum justitia fiat !* ou
par cette autre, toute contraire : *Salus populi, su-
prema lex esto !* l'idée enfin qui germe et s'épanouit
dans l'esprit comme une herbe folle, luxuriante,
monstrueuse, constitue ce qu'on pourrait appeler
le *fanatisme spéculatif*, identique par sa nature à
celui qu'on a décrit plus haut, et qui n'en diffère
que par ses effets.

Qu'il soit spéculatif ou actif, le fanatisme procède toujours de l'esprit visionnaire ou halluciné. On comprend dès lors comment la parole contribue à le produire : elle développe la force hallucinatoire des idées, leur communiquant une sorte d'existence matérielle et sensible.

Nous avons dit que chez le visionnaire, le charlatanisme se joint au fanatisme. Il en sera de même chez l'*idéologue*.

Il faut remarquer que si la parole, en un sens, renforce l'idée, en un autre, elle l'affaiblit. Parler soulage. Crier, gesticuler quand on souffre, quand on est irrité, apaise la souffrance, fait tomber la colère. Inversement, les rages froides, rentrées, sont, à la connaissance de tous, les plus terribles et les plus tenaces. Chez les êtres civilisés, ou simplement de vitalité affaiblie que nous sommes, la force impulsive des sentiments et des idées est souvent enrayée : l'expression, sous toutes ses formes, leur offre un dérivatif, une issue. Pour nous tous, et non pas seulement pour les artistes, les poètes, c'est une façon de vivre nos émotions et nos pensées, et de nous en délivrer, que de les traduire.

Mais alors une arrière-pensée sceptique se glisse en nous ; un sentiment secret nous avertit de notre légèreté. Au plus fort de ses tirades, alors qu'il paraît être et qu'il est, à sa manière, le plus for-

tement ému par les accents de sa propre éloquence,
l'orateur sent pourtant la duperie des grands mots
qu'il emploie. Parfois même, dans son regard, un
éclair de malice souligne ses effets; il s'interrompt
pour se railler. « Au mot de Mirabeau : Et nous en
sortirons par la force des baïonnettes!... une
légende, peut-être véridique, ajoute ce correctif
sournois, oblique, murmuré de côté, avec l'œil
qui cligne : Et dès qu'ils viennent, nous f... le
camp (1)! » Si l'orateur est emporté cependant
par le mouvement de sa parole et subit la fascination de ses idées, combien cette illusion dont nous
parlions plus haut : l'objectivation du verbe, est
chez lui fugitive! La tirade achevée, l'effet obtenu,
pour peu qu'il soit doué de réflexion, il juge son
art, comprend qu'il est un jeu, revient lui-même
de ses triomphes, en mesure la portée, en déter-
mine le sens et la valeur. Il entre en défiance de
la parole, pour avoir reconnu la séduction qu'elle
exerce sur lui-même et les autres. D'ailleurs, il ne
renonce pas pour cela à son art; au contraire, il
s'y perfectionne, s'y complaît. La parole est un
excitant dont il a besoin pour penser. « L'idée ne
lui vient que debout, au son de sa voix, comme la
foudre attirée aux vibrations des cloches. » La
parole aussi trompe en lui le besoin d'agir : « Parler

(1) *Alphonse Daudet*, par Léon Daudet.

ses convictions le soulageait, a dit Daudet, d'Ély-
sée Méraut, parce qu'il ne leur trouvait pas d'autre
moyen d'écoulement. »

Mais le scepticisme de l'orateur se développe
en même temps que son talent. A mesure que la
parole devient plus aisée, plus souple, elle se sur-
veille moins, elle se porte plus souvent en avant
de la pensée, elle est plus osée, plus téméraire.
Elle ne prend pas impunément conscience de son
pouvoir, elle en abuse, elle s'affranchit de la vérité
objective et de la vérité sociale ou de l'opinion ;
elle devient sophistique, effrontée, cynique. La
parole se prenant elle-même pour fin ! c'est là un
principe d'immoralité, de mensonge. Quand le
critérium de la valeur des idées n'est plus leur
vérité intrinsèque, mais leur action sur les esprits,
leur force suggestive ou fascinatrice, alors le jugement se corrompt, la vision des choses se déforme.
Les sentiments élevés n'apparaissent que comme
des mots à effet, des phrases à panache ; on n'en
examine point la nature, ni la provenance, on en
joue, on les exploite. Les esprits qui s'abaissent à
penser et à parler ainsi ne sentent pas venir leur
dégradation ; ils ne la sentent pas non plus toujours quand elle est venue. Ils n'ont pas calculé
ni même prévu le mal qu'il leur arrive de faire.
Ils seraient les premiers à dire que les mots ne
sont que des mots, qu'ils ne tirent pas à consé-

quence. Pour leur compte, ils parlent par besoin,
ou pour le plaisir, et ce plaisir en soi est innocent;
du moins ils le jugent tel, et ce sont les autres en
effet qui se font tort et leur font tort, en donnant
sottement corps à leurs paroles vaines. Le public
est toujours complice des abus de la parole : c'est
le succès inespéré de la déclamation qui fait les
déclamateurs. On ne naît pas cynique, on le
devient ; on méprise les hommes pour les avoir
trouvés dupes ou complaisants ; alors on ne cul-
tive plus ses qualités naturelles, on exploite ce
qu'on appelle la chance.

A quelle cause se rattache ce scepticisme éhonté?
Daudet, qui l'a aussi exactement analysé qu'élo-
quemment flétri, observe que « c'est dans l'action
que le méridional », ce déclamateur de race, « se
dégrade. Bien vite, dit-il, s'il s'agit de l'affreuse
politique, ses qualités tournent au pire : l'enthousiasme devient hypocrisie ; l'éloquence, faconde
et boniment... Hélas ! que de lointaines comédies!
Le poing frappant la poitrine, la voix sourde,
éraillée, mais si pressante, les larmes commodes,
les adjurations, l'appel au patriotisme, aux sentiments nobles... Ces gaillards-là se figurent que
les sentiments élevés ne sont que des attrape-
nigauds dont il suffit de faire les gestes » (1).

(1) *Alphonse Daudet*, par Léon Daudet.

On ne saurait mieux dire, s'il ne s'agit que des faits. Mais la théorie est fausse : c'est dans l'action que la dégradation du méridional se révèle, mais non pas qu'elle se produit. Bien loin que l'action déforme le méridional, au contraire ce qui a manqué à l'esprit du méridional pour se former, c'est d'être attentif à l'action, à ses conditions matérielles et de l'accepter pour contrôle de ses idées. Le méridional s'abandonne à sa verve, au jeu spontané et libre de ses idées ; dans l'action où ce jeu n'est point de mise, il est dépaysé, mal à l'aise, il perd toutes ses qualités, et il ne contracte pas, mais il garde ses mauvaises habitudes, son débraillé intellectuel. Il n'est d'abord qu'un naïf d'espèce particulière ; il devient vite un effronté, son incapacité dans l'ordre pratique ayant pour effet de le brouiller avec l'action, de la lui faire prendre en haine et en mépris. Or on en vient vite à manquer de conscience dans les choses dont on s'acquitte mal (1).

Nous rapprocherons la déclamation du fanatisme spéculatif, comme nous avons rapproché

(1) Cf. une remarque analogue de Taine qui s'applique mieux au fanatique qu'au déclamateur. Faute de connaître les conditions de l'action, « de posséder les détails techniques, on brusque, on casse, on finit par sabrer, et l'on est obligé d'employer la brutalité systématique pour achever l'œuvre de l'impéritie présomptueuse » (*Portrait de Marat*).

déjà le charlatanisme du fanatisme en acte.

Tout d'abord, chez le même individu, le passage est ordinaire, pour ne pas dire constant, de l'intransigeance ou de la raideur des opinions à la déclamation menteuse. Ces deux états d'esprit se rencontrent même ensemble : ils ne sont donc pas contraires ; le second n'est pas même la réaction, il n'est que la continuation du premier. Le radical et le déclamateur sont les variétés d'un même type, de celui que Napoléon appelait dédaigneusement l'*idéologue*, et qui se qualifie lui-même orgueilleusement d'*intellectuel*. Ils ont un égal dédain des faits ; ils sont attachés à leurs idées, sinon avec la même force, au moins avec le même aveuglement. Ce sont, au point de vue mental, des impulsifs ou des emballés : c'est par hasard, pour des raisons de tempérament, d'âge, que l'emballement est brutal chez l'un, hypocrite chez l'autre.

III

Il existe un cas plus caractérisé encore de l'état que nous analysons : c'est celui de la méditation intérieure.

La méditation est à la parole ce que la parole est à l'action.

Si hardie, si téméraire même qu'elle soit, la parole ne jouit pas cependant d'une liberté entière ; elle ne parvient pas à s'affranchir complètement de l'action. Elle est toujours retenue au moins par la crainte de l'opinion, et, en bien des cas, elle l'est aussi par celle d'une responsabilité effective. Le plus intrépide bavard, s'il entrevoit qu'une suite sera donnée à ses discours, devient aussitôt réservé ou muet. Il est des esprits intempérants, enclins à l'emphase, ou donnant naturellement dans le paradoxe ; vous les croiriez incapables de bon sens ; posez-leur cependant une question précise, de leur compétence, qu'ils ne peuvent éluder ni traiter légèrement, à laquelle ils sont tenus moralement et, si j'ose dire, matériellement aussi, de trouver une solution juste ; vous verrez qu'ils vous étonneront par leur sagesse. Rien de tel pour réduire les esprits intransigeants et farouches que de leur faire assumer une responsabilité vraie. L'action entrevue avec ses risques réels produit l'effet d'une douche froide sur ces cerveaux échauffés.

Or, la parole a exactement sur la méditation le même effet apaisant. Parler sa pensée ou l'écrire, c'est la corriger, la refondre et surtout la réduire. L'idée, quand elle se présente à l'esprit, est large, flottante ; c'est alors qu'elle a toute sa force d'expansion, toute sa plénitude, et pour nous tout son charme. Mais, quand il s'agit de l'énoncer, on s'aperçoit qu'il faut en tracer les limites, en crever les boursouflures. C'est pourquoi une certaine déception est attachée au travail de composition : le charme des idées est à moitié rompu, quand il faut les traduire, les préciser, les ajuster au niveau de cette régenteuse qui s'appelle la raison.

Certes il semble facile de satisfaire aux exigences de la parole, quand on les compare à celles de l'action, puisqu'il ne s'agit alors que de ne pas heurter l'opinion, la raison commune ou les préjugés courants, que d'observer, en un mot, la vérité sociale, moins complexe et plus souple que la vérité objective ou la vérité vraie. Toutefois l'opinion commune ne laisse pas d'être encore singulièrement gênante et, pour l'esprit, le plus haut degré de l'indépendance consisterait à s'en affranchir. Considérons les esprits qui en sont affranchis en effet, et qui n'ont, par hypothèse, ni le souci de l'action ni celui de l'opinion. Ils se croient en posture d'atteindre le vrai, ils se disent exempts de préjugés ; mais ils ont tous les préjugés que la pensée tire de son propre fonds. Ils sont crédules à leur manière ; et comment ne le seraient-ils pas, dit spirituellement J. de Maistre, puisqu'ils croient tout ce qu'ils veulent ? En fait la pensée qui se développe dans le silence du cabinet est capable de tous les méfaits, des pires extravagances et des témérités les plus folles.

· Tout d'abord il n'y a pas d'esprits plus « visionnaires » que les méditatifs. Descartes l'a remarqué,
et en a indiqué la raison profonde. « Il me sem-
blait, dit-il, que je pourrais rencontrer beaucoup
plus de vérité dans les raisonnements que chacun
fait touchant les affaires qui lui importent, et dont
l'événement le doit punir bientôt après s'il a mal
jugé, que dans ceux que fait un homme de lettres
dans son cabinet, touchant des spéculations qui
ne produisent aucun effet, et qui ne lui sont d'autre
conséquence, sinon que peut-être il en tirera d'autant plus de vanité qu'elles seront plus éloignées
du sens commun, à cause qu'il aura dû employer
d'autant plus d'esprit et d'artifice à les rendre vrai-
semblables (1). »

Les méditatifs ont les deux caractères en apparence contradictoires que nous avons reconnus aux visionnaires : ils sont fanatiques et sceptiques.

Ils sont fanatiques, par la raison qu'ils s'entre-
tiennent sans cesse et exclusivement de leurs
idées, qu'ils ne les soumettent à aucun contrôle,
ni à celui de l'expérience, ni à celui de l'opinion,
ce qui revient à dire qu'ils les élèvent au-dessus
de l'opinion et de l'expérience, par la raison encore
que, renfermant leurs idées en eux-mêmes, ne les

_____

(1) *Discours de la Méthode*.

dépensant ni en actes ni en paroles, ils en accumulent l'énergie, ils en développent la tendance hallucinatoire.

Ils sont sceptiques d'autre part, parce qu'ils considèrent la pensée comme un jeu. « Un Français, dit Taine (entendons : un spéculatif de tous les pays) raisonne pour raisonner ; il lui est agréable de nouer des idées les unes au bout des autres ; si la conclusion est neuve et de grande portée, son plaisir est extrême, *mais il s'en tient là* ; il s'est donné à lui-même un beau spectacle, d'espèce très relevée ; *cela lui suffit* » (1). Or c'est véritablement douter de ses idées que d'en faire un exercice vain de l'esprit, que de ne pas leur donner une conclusion pratique. La preuve du scepticisme du méditatif peut encore être indirectement tirée d'un autre trait de son caractère, que j'appellerai son fatalisme spéculatif. Le méditatif attribue aux idées un pouvoir magique, celui de remuer le monde par leur vertu seule, « sans façon et sans outil », par un prodige renouvelé des « fées » et des « lutins ». En cela consiste son fanatisme, lequel n'est qu'un dogmatisme intempérant ; mais l'envers de ce dogmatisme est un scepticisme profond, qui se traduit tantôt par un calme, mais absolu dédain de l'expérience, tantôt par un

_____

(1) *Notes sur l'Angleterre.*

idéalisme au fond moins rassuré, mais plus im-
pertinent et plus rogue, par une audace de pensée
particulière, cette audace de l'esprit vide et déré-
glé, sans lest et sans boussole (*intellectus sibi per-
missus*), qui court les aventures, lance comme par
défi les paradoxes les plus subtils, les extravagances les plus fortes, et qui constitue ce qu'on
pourrait appeler la forfanterie ou le charlatanisme
de l'idée pure.

Ainsi il peut se mêler quelque superstition dans
ce qu'on appelle le culte de l'idée.

D'abord on ne doit pas dire que ce culte ait une
valeur en soi ; il tire uniquement sa valeur de celle
de l'objet auquel il s'attache. Il est vrai que, comme
on distingue la moralité des actes, on voudra peut-
être distinguer la mentalité des idées. Mais déjà
je n'admets point que la moralité plane au-dessus
de la conduite et réside toute dans l'intention
seule ; la volonté développant ses vertus dans
l'éther métaphysique ne se conçoit pas mieux que
la colombe volant dans le vide (1). De même l'idée
qui ne partirait pas de l'expérience et n'aboutirait
pas à l'action, l'idée absolument pure, ne saurait
entrer dans l'esprit, et surtout ne saurait être

(1) N'est-ce pas la conclusion qui se dégage, contre le
vœu de l'auteur, du livre de Vallier sur l'*Intention morale*. Ce penseur sincère se débat tragiquement contre
le nihilisme de ses principes.

l'objet d'un culte; l'idée ne peut valoir pour nous
que par la réalité qu'elle représente.

Essayons cependant de la concevoir, abstraction
faite de son objet, comme on considère parfois le
sentiment moral à part des mœurs, qui l'expriment d'une façon, il faut bien le dire, toujours
imparfaite. L'enthousiasme pour les idées, quelle
qu'en soit la nature, fussent-elles vaines et trompeuses, sera alors, au point de vue intellectuel,
l'analogue de ce qu'au point de vue moral Kant
appelle la « bonne volonté », laquelle se suffit à
elle-même, a une valeur propre, est un absolu.
Cet enthousiasme serait donc toujours noble et
pur, dans son principe. C'est là en effet ce qu'on
assure, et ce que sans doute on croit, on arrive à
se persuader. Mais les hommes ne se méprennent-
ils pas et sur leurs intentions morales et sur la
nature du culte qu'ils rendent aux idées? Le fanatique, au point de vue moral, accomplit sans
remords les actions les plus dures et les plus inhu-
maines. Le fanatique, au point de vue intellectuel,
porte de même avec assurance les jugements les
plus téméraires et les plus faux. Le fanatisme ne
serait-il donc pas simplement un manque de sens
moral ou d'intelligence? C'est ce que nous pré-
tendons. En fait, le fanatique, au point de vue
moral, n'a pas les intentions pures dont il se fait
honneur : c'est par grossièreté d'âme qu'il se les

attribue ; il prend le change sur ses sentiments ;
mais tous ses actes dénoncent son pharisaïsme.
Le fanatique au point de vue intellectuel n'a pas
non plus les lumières qu'il se vante d'avoir ; mais
chez lui la tendance à affirmer est si forte qu'il la
prend pour la conviction.

Enfin, il faut retenir l'affinité si remarquable du
fanatisme et du charlatanisme. Cette affinité se
conclut du passage si fréquemment observé et,
semble-t-il, si naturel, si aisé, de l'un à l'autre de
ces états. J'ajoute qu'elle est universellement
sentie ; mais on n'en tire pas bien les conséquences.
On invoque le fanatisme pour excuser le charlatanisme, on serait mieux fondé peut-être à invoquer
le charlatanisme pour condamner et confondre le
fanatisme. Le charlatan, en effet, accuse les tendances du fanatique, met au jour sa grossièreté
native, l'irrationalité de ses jugements, son manque
de délicatesse intellectuelle et morale. On connaît
ainsi qu'il existe une mentalité inférieure, qui peut
se prendre elle-même pour la raison, et surtout se
faire accepter comme telle. La langue courante
est profonde parfois en ses simplifications : elle
donne le même nom, celui de toqué, à l'emballé et
au charlatan. En style plus relevé, la « toquade » ou
« le coup de marteau » devient l'*illuminisme*, et à
ce nom aussi « se joint l'idée d'une exaltation ridi-
cule, ou de quelque chose de pire » (J. de Maistre).

L'illuminisme, autrement dit le fanatisme et le charlatanisme, a son principe dans le mépris de l'expérience; mais le mépris de l'expérience est aussi la ruine des idées. L'idée pure, c'est dans l'ordre moral, l'intention, ce pavé de l'enfer, et la prétention ; c'est le rêve vague d'une humanité meilleure, d'une vertu parfaite, et l'abandon du devoir immédiat ou prochain ; c'est l'installation commode dans la région des principes, et la dispense de l'effort réel ; c'est enfin l'hypocrisie ou l'orgueil de la vertu chez des êtres souvent tombés au-dessous de l'honnêteté vulgaire. L'idée pure, c'est encore, dans l'ordre artistique, l'œuvre non éclose, parée de toutes les magnificences du rêve, avec laquelle il est si facile d'humilier les œuvres réelles; c'est enfin, dans quelque ordre que ce soit, l'aspiration confuse, l'idée qui ne s'est pas essayée, n'a pas fait ses preuves, et ainsi n'est rien.

Tel est pourtant le respect qui s'attache aux idées en général, qu'il faut peut-être prendre la précaution d'avertir ici qu'on n'a voulu attaquer que la déformation et la parodie de l'idée vraie. Il n'est pas à craindre d'ailleurs que, gardant son point de contact avec la réalité, l'esprit soit arrêté dans son essor : c'est la chimère qui est bornée, et la réalité infinie. « Nous avons beau enfler nos conceptions, dit magnifiquement Pascal, nous n'enfantons que des atomes au prix de la réalité

des choses. » On ne fait donc point tort à la pensée
en la maintenant dans le domaine de l'action : on
la rend seulement à sa destination, on la rétablit
dans sa nature et dans sa dignité.

CHAPITRE III

L'ASCÉTISME

Le *Dictionnaire des Sciences philosophiques*
définit l'ascétisme « tout système de morale qui
recommande à l'homme, non de gouverner ses
besoins, en les subordonnant à la raison et à la
loi du devoir, mais de les étouffer entièrement »,
et par besoins de l'homme, on entend ici, d'abord
et avant tout, « ceux du corps », mais aussi, et
par une naturelle extension, « ceux du cœur, de
l'imagination et de l'esprit » (1).

En d'autres termes, l'ascétisme serait « une
grande simplification de la vie ». Son principe
pourrait être cette parole du Christ : « Une seule
chose est nécessaire », à savoir Dieu, l'âme, vieux
mots pour désigner l'idéal, le parfait, les hautes
aspirations de la nature humaine. L'opposition du

(1) Article « Ascétisme ».

sacré et du *profane*, de « la vie supérieure,
idéale » et de « la vie inférieure, celle des intérêts
et des passions », et l'anéantissement de celle-ci
devant la première, telle serait la thèse fonda-
mentale de l'ascétisme chrétien. Cette doctrine,
par suite, n'aurait eu, selon Renan, qu'un tort,
celui d'entendre d'une façon étroite la seule chose
nécessaire, de négliger totalement le vrai et le
beau, de s'attacher exclusivement au bien, et encore au bien conçu d'une façon mesquine, en un
mot de mutiler la vie humaine en voulant la
grandir (1).

La définition de l'ascétisme est ici tirée de sa
tendance ou de sa fin. Si on le considère seulement dans sa nature psychologique, on dira qu'il
est la haine farouche du plaisir. Mais cette haine
est un sentiment paradoxal, contre nature. Comment a-t-elle pu naître et, étant née, a-t-elle pris
un caractère si étrangement aigu ? On n'en vient
pas naturellement à nier que le plaisir soit un
bien, à voir en lui le motif principal ou unique qui
détourne du devoir, à le condamner comme suspect, et même comme mauvais. Il faut ou qu'on
ait été déçu dans la recherche d bonheur, qu'on
en ait reconnu l'illusion et éprouvé le néant, ou
qu'on ait été amené, par l'excès du plaisir, à en

(1) Renan, *L'Avenir de la science*, initium.

mesurer le danger, à en toucher le fond immoral
et grossier. De toute façon l'ascétisme ne peut
être qu'une réaction contre l'hédonisme, cette
morale relâchée qui érige la volupté en bien suprême et unique. Il rentre dans ces doctrines religieuses et morales, qui n'ont point en quelque
sorte d'objet propre, de principes définis, de valeur positive ou réelle, qui ne se soutiennent pas
par elles-mêmes, qui ne représentent qu'une protes-
tation contre les mœurs, l'opinion et les doctrines
régnantes, qui s'établissent à ce titre et antithéti-
quement. Comme le *protestantisme* ou la *Réforme*,
il est une morale d'opposition et n'est clair, ne
peut être défini que comme tel.

Mais, ainsi entendu, il est un fait historique
d'une grande portée. Toutes les fois que s'étalent
la débauche et le vice, il ne saurait, à ce qu'il
semble, manquer de se produire; il est la protes-
tation indignée des âmes fières contre le sybari-
tisme régnant. Ses excès mêmes sont inévitables;
sous le règne effréné du plaisir, on ne peut, en
effet, concevoir que l'austérité parte jamais d'un
zèle indiscret.

L'ascétisme paraît ne devoir être, en aucun cas,
pratiqué par la foule : il s'adresse aux âmes
d'élite, aux enthousiastes, aux fanatiques du
bien. Mais de telles âmes n'ont fait défaut en aucune civilisation ni en aucun temps. On voit l'as-

cétisme représenté chez les Grecs, ce peuple heureux et sage, auquel il répugne le plus, par les Pythagoriciens, les Cyniques, « les capucins de l'antiquité » (Zeller), Pyrrhon, etc. Il est au fond de toutes les religions, en particulier de celle de l'Inde, et le christianisme l'a prêché et répandu dans le monde.

Bien plus, il est de toutes les époques, et non pas seulement de celles d'une licence exceptionnelle et rare. Il suffit, pour le produire, du simple dégoût de la vie commune. Il y aura toujours des âmes pour se jeter dans la sublime folie de l'ascétisme par horreur de la sagesse prosaïque et vulgaire, de la science du bonhomme Richard, qui est celle de faire fortune et de parader dans le monde. Et il y aura plus d'âmes encore pour admirer la vie ascétique, encore qu'elles ne l'embrassent point, et la juger humainement supérieure à celle qui communément s'appelle judicieuse et sensée.

« J'aime mieux un iogui, dit Renan, j'aime mieux un mouni de l'Inde, j'aime mieux Siméon Stylite, mangé de vers sur son étrange piédestal, qu'un prosaïque industriel, capable de suivre pendant vingt ans une même pensée de fortune.

« Héros de la vie désintéressée, saints, apôtres, mounis, solitaires, cénobites, ascètes de tous les siècles, poètes et philosophes sublimes qui aimâtes à n'avoir pas d'héritage ici-bas; sages qui avez traversé la vie, ayant l'œil gauche pour la terre et l'œil droit pour le ciel, et toi surtout, divin Spinoza, qui restas pauvre et oublié pour le culte de ta pensée et pour mieux adorer l'infini, que vous avez mieux compris la vie que ceux qui la prennent comme un étroit calcul d'intérêt, comme une lutte insignifiante d'ambition et de vanité!... Que je retrouve bien plus dans vos sublimes folies les instincts et les besoins suprasensibles de l'humanité que dans ces pâles existences que n'a jamais traversées le rayon de l'idéal, qui, depuis leur premier jusqu'à leur dernier moment, se sont déroulées jour par jour, exactes et cadrées, comme les feuillets d'un livre de comptoir (1). »

Enfin l'ascétisme n'est pas destiné à périr. Il a beau être, en un sens, un défi porté à la nature et à la raison, il ne laisse pas d'être un fait profondément humain. Il a sa beauté et sa grandeur; il faudrait regretter qu'il ne se fût pas produit, car il témoigne, à sa manière, de la générosité de nos instincts. Il est facile d'en relever le caractère irrationnel et absurde. Mais, ce qu'on appelle la raison n'est-ce pas la nature ou l'instinct diminué, et dans « les superbes débordements des grands instincts de la nature humaine » n'y a-t-il pas, à

(1) Renan, *Avenir de la science,* p. 85.

le bien prendre, autant et plus de vérité psychologique que dans notre «petite morale et notre étroit
bon sens. Jusqu'à ce qu'on soit arrivé à comprendre que l'idéal est près de nous, dit Renan,
on n'empêchera pas certaines âmes (et ce sont les
plus belles) de le chercher par delà la vie vulgaire, de faire leurs délices de l'ascétisme. Le
sceptique et l'esprit frivole hausseront à loisir
les épaules sur la folie de ces belles âmes ; que
leur importe? Les âmes religieuses et pures les
comprennent ; et le philosophe les admire, comme
toute manifestation énergique d'un besoin vrai,
qui s'égare faute de critique et de rationalisme ».
Il y a, « dans ces grands abus pittoresques de la
nature humaine » qu'on appelle les excès de
l'ascétisme, « une audace, une spontanéité que
n'égalera jamais l'exercice sain et régulier de la
raison, et que préféreront toujours l'artiste et le
poète » (1). Ils traduisent une exaltation de l'âme
qui va jusqu'à l'entière abnégation ou oubli de
soi, exaltation noble en elle-même, si elle est
chimérique quant à son objet, et qui, à la rigueur,
peut être regardée comme « la fascination que
l'infini exerce sur l'homme, l'enthousiasme imper-
sonnel, le culte du suprasensible ».

Même il n'est peut-être pas impossible de ré·

(1) Renan, ouvr. cité, p. 86, 87.

concilier l'ascétisme avec la raison. Pris en son
sens étymologique et propre (de ἀσκέω, j'exerce),
l'ascétisme est l'exercice de la vertu, non la vertu
même; il est un système d'éducation morale, il
n'est pas et ne prétend pas être la moralité. Or,
s'il est puéril de se donner par exemple la discipline (notons en passant ce terme significatif :
discipline veut dire, à la lettre, moyen d'éducation), il ne l'est pas de faire l'apprentissage du
courage, de s'endurcir à la souffrance. On peut
sourire du trait suivant, rapporté par Tolstoï
(*Souvenirs d'enfance*), mais on ne saurait se défendre d'un sentiment de sympathie et d'estime
pour le brave enfant qui s'exprime ainsi :

« Un jour, il me vint à la pensée que le bonheur
ne dépend pas des événements extérieurs, mais
de la façon dont nous les prenons, qu'un homme
accoutumé à supporter la douleur ne peut pas
être malheureux. Et afin de m'accoutumer à la
peine, je m'exerçais, malgré des douleurs atroces,
à tenir un dictionnaire à bras tendus, pendant
cinq minutes, ou bien je m'en allais dans le gre-
nier, je prenais des cordes et je me donnais la
discipline sur mon dos nu avec tant de vigueur
que les larmes me jaillissaient involontairement
des yeux. »

Ne doit-on pas bien augurer du courage d'un
enfant qui se soumet volontairement à de pareilles

épreuves? L'ascétisme serait une naïveté de
même genre, respectable et touchante. Si on
le considère, non comme une règle de conduite,
ayant une valeur en elle-même, mais comme
un ensemble de pratiques, tendant à une fin
morale, non comme la vertu, mais comme la
voie qui y conduit, on trouvera qu'il n'est ni outré,
ni paradoxal, ni vain, mais qu'il se justifie de la
même manière et par les mêmes raisons que ces
exercices d'école, qui en eux-mêmes peuvent paraître frivoles, mais dont on dit qu'ils sont bons
pour former l'esprit.

En résumé, l'ascétisme peut être envisagé
comme une réaction contre l'hédonisme spéculatif et pratique, réaction sans doute exagérée,
mais peut-être utile en son exagération même,
comme une folie héroïque, une soif de sacrifice,
d'ailleurs aussi naturelle à l'homme que la sagesse
pratique ou le judicieux calcul de l'intérêt, enfin
comme un apprentissage du courage et de toutes
les vertus, comme un entraînement moral.

Examinons-le à tous ces points de vue. Mais,
au lieu de le juger d'après ses tendances, ou ses
fins, demandons-lui compte de ses effets, de son
action réelle. Voyons, non ce qu'il a voulu ou
prétendu être, mais ce qu'il a été et ce qu'il est,
historiquement et en fait.

L'ascétisme est une des solutions données au

problème de la tempérance, à savoir la plus hau-
taine, la plus radicale et la plus simpliste. La
morale courante ne vise qu'à régler la vie sensible; l'ascétisme fait plus : il la supprime. Sa
devise pourrait être la maxime célèbre : « La vie
est la méditation de la mort. » Qu'est-ce, pour
l'âme, que mourir? C'est se séparer du corps et,
par suite, opérer sa délivrance à l'égard des passions terrestres. Or, le sage n'attend pas que la
nature l'affranchisse du joug tyrannique des
sens, il s'affranchit lui-même; dès cette vie, il
meurt au corps pour vivre de la vie intelligible,
ou selon l'esprit. Sous quelque forme qu'il se
présente, qu'il relève de la doctrine de Platon, du
Christ ou de Bouddha, l'ascétisme est toujours
une mort anticipée, un suicide partiel, l'anéantissement de la chair. Être tempérant, suivant ses
principes, c'est n'avoir plus de passion à combattre, c'est ne désirer ni ne goûter le plaisir, c'est
ne pas fuir, c'est rechercher plutôt la douleur,
jusqu'à ce qu'on arrive aussi à ne plus la sentir,
c'est tendre à l'insensibilité absolue, au nirvâna.

Mais l'ascétisme est entraîné par une impulsion
naturelle au delà de son but : il ne veut anéantir
que le corps, et il tarit les sources mêmes de la
vie morale. Bien plus, il dévie de son but : il
tend à relever le courage, à tremper la volonté, et
il aboutit à un état de passivité, de résignation

morne. « Dans un élan passionné de bassesse implorante, il semble prêt à abolir en nous et volonté et penchants, pour y substituer une piété sans cesse en adoration. On a trouvé en Égypte des momies de taureaux en prières, les genoux pliés, les yeux tournés vers le ciel, et l'adorant; l'ascétisme irait volontiers jusqu'à vider l'être conscient de tout ce qui le constitue, sauf le sentiment qu'exprime ce symbole; nul mouvement de l'intelligence, nulle variation de l'émotion ne viendrait jamais troubler l'éternelle monotonie de l'adoration où il tend » (1). Son terme dernier est l'extase, qu'on croit être la plénitude, et qui n'est que le vide de la pensée. Le vrai nom de l'ascétisme est le nihilisme moral.

Ce nihilisme n'est point voulu sans doute de prime abord, intentionnellement poursuivi, mais il est la conséquence fatale des principes posés, conséquence bientôt avouée, reconnue, ensuite proclamée hautement, et dont on se fait honneur. C'est d'ailleurs le propre de l'ascétisme de surenchérir sur ses fins idéales, d'outrer ses tendances. Cette arrogante doctrine semble incapable de se fixer ; on dirait que, son objet étant d'éblouir, elle doit se dépasser sans cesse, enfanter

(1) Clay, Le sens commun contre le déterminisme. *Revue philosophique*, mai 1889.

des prodiges toujours renouvelés et accrus, afin
de soutenir une admiration qui se lasse et
s'épuise. C'est ainsi qu'elle part de la sage intention de gouverner les penchants et aboutit à la
folle et cruelle entreprise de suspendre la vie
même.

Qu'y a-t-il cependant au fond de l'ascétisme?
Son horreur de la vie ne décélerait-elle pas une
appréhension secrète, un lâche effroi devant les
réalités poignantes des situations et des passions
humaines? S'interdire les passions, n'est-ce pas
s'avouer incapable de les gouverner?

« L'Eglise, dit Nietzsche, combat les passions par
le castratisme. » Or, « le même remède, la castra-
tion et l'extirpation, est employé instinctivement,
dans la lutte contre le désir, par ceux qui sont
trop faibles de volonté, trop dégénérés pour pouvoir imposer une mesure à ce désir, par ces natures qui ont besoin de la Trappe, pour parler en
image, et, sans image, d'une définitive déclaration
de guerre, d'un abîme entre eux et la passion.
Ce ne sont que les dégénérés qui trouvent les
moyens radicaux indispensables ; la faiblesse de
volonté, pour parler plus exactement, l'incapacité
de ne *point* réagir contre une séduction n'est
elle-même qu'une autre forme de la dégénérescence. L'inimitié radicale, la haine à mort contre
la sensualité est un symptôme grave : on a le droit

de faire des suppositions sur l'état général d'un être à ce point excessif » (1).

On peut supposer notamment que c'est la défiance de soi, le sentiment de sa faiblesse qui lui inspire une si forte répugnance pour les penchants naturels, et lui fait prendre un tel luxe de garanties contre leurs dangers présumés ou leurs excès possibles. Un tel être pourrait s'attirer la verte tirade de Dorine :

Vous êtes donc bien tendre à la tentation !

Quelle ne devait pas être, en effet, la violence des désirs chez les hommes qui ont institué, à titre de traitement, je ne dis pas curatif, mais simplement préventif, l'appareil redoutable des pratiques ascétiques; qui ont réglementé l'art de dompter la chair, créé un vrai système de tortures, la discipline, le cilice, les macérations, le jeûne, etc.; qui ont fondé ces ordres monastiques pratiquant, pour l'édification ou l'exemple, une austérité rigoureuse : Trappistes, Chartreux, Carmélites, etc.!

Renan l'a justement remarqué, « l'abstinence et la mortification sont des vertus de barbares et d'hommes matériels, qui, sujets à de grossiers appétits, ne trouvent rien de plus héroïque que d'y résister; aussi sont-elles surtout prisées dans

(1) Nietzsche, *Le Crépuscule des idoles*. La morale en tant que manifestation contre nature.

les pays sensuels. Aux yeux d'hommes grossiers,
un homme qui jeûne, qui se flagelle, qui est
chaste, qui passe sa vie sur une colonne, est
l'idéal de la vertu. Car lui, le barbare, est gour-
mand, et il sent fort bien qu'il lui en coûterait
beaucoup s'il fallait vivre de la sorte. Mais, pour
nous, un tel homme n'est pas vertueux, car, ces
jouissances de la bouche et des sens n'étant rien
pour nous, nous ne trouvons pas qu'il y ait du
mérite à s'en priver. L'abstinence affectée prouve
qu'on fait beaucoup de cas des choses dont on se
prive. Platon était moins mortifié que Dominique
Loricat, et apparemment plus spiritualiste. Les
catholiques prétendent quelquefois que la désué-
tude où sont tombées les abstinences du moyen
âge accusent notre sensualité ; mais, tout au contraire, c'est par suite des progrès de l'esprit que
ces pratiques sont devenues insignifiantes et su-
rannées. La devise des Saint-Simoniens : Sanctifiez-vous par le plaisir, est abominable ; celle du
Christianisme : Sanctifiez-vous en vous abste-
nant du plaisir, est encore imparfaite. Nous disons, nous autres spiritualistes : Sanctifiez vous,
et le plaisir deviendra pour vous insignifiant, et
vous ne songerez plus au plaisir » (1).

L'ascétisme n'aurait donc qu'une valeur rela-

(1) *L'Avenir de la science*, p. 404-405.

tive : il a paru sublime et ne serait que grossier. Au meilleur sens du mot, il est une digue élevée contre les instincts brutaux d'un âge barbare.

Mais faut-il même supposer que, dans le principe, il a toujours été et n'a pu être qu'une réaction énergique contre des passions fortes et grossières? N'a-t-il pas pu être aussi bien, et mieux, le recours des volontés irrémédiablement faibles contre leurs penchants, quels qu'ils soient? C'est l'hypothèse de Nietzche. Ce qui la confirme, c'est que l'ascétisme se développe souvent chez des âmes que ne désigne point aux rigueurs de sa discipline la grossièreté de leur nature, chez un Sénèque, par exemple, qui ruine ou compromet par le jeûne sa santé délicate, s'abstient de vin et couche sur la dure, chez un Pascal, qui porte une ceinture garnie de pointes de fer. On ne voit pas non plus que l'ascétisme fasse uniquement la guerre aux passions brutales; toute passion, à ses yeux, est suspecte, et toujours trop forte. Il ne reconnaît pas de plaisirs innocents, de désirs légitimes; il ne distingue pas entre la passion et le besoin. Il met sur le compte de la *sensualité* toute satisfaction accordée aux sens. Il nie ou restreint à l'excès les besoins du corps, qu'il appelle d'un nom injurieux : la *chair*; il en juge la satisfaction immorale (exemple : la réprobation attachée à ce qu'il appelle *œuvre de chair*); il lui

plaît, d'attribuer du mérite à des actes simplement contraires à la conservation, comme l'abstinence et le jeûne.

Cette lutte systématique contre l'universalité
des penchants, cette haine du plaisir, qui a pour
envers la glorification de la souffrance, ce paradoxe violent d'une moralité placée dans la mortification des sens, ne sont-ce pas les symptômes
de dégénérescence dont parle Nietzsche, les signes
non équivoques d'une sensibilité déviée et faussée,
pour laquelle n'existe plus rien de sain et de
normal, qui a horreur de la vie et de ses fonctions.

L'ascétisme aurait donc ainsi son principe, j'entends son origine, sa source, ou dans la brutalité ou
dans la perversion des instincts. Mais quelle que
soit son origine, et partant sa nature, il pourrait
se défendre, à la rigueur, par son utilité sociale.
Est-ce en effet le cas ?

Il n'est pas douteux que l'ascétisme constitue
une erreur. Partant du principe que le plaisir
n'est pas le bien, il conclut qu'il n'est pas même
un bien, qu'il ne peut être qu'un mal, il l'accable
de son indifférence et de son mépris, il le charge
de sa malédiction et de sa haine.

L'horreur de l'immoralité justifie-t-elle une
austérité si farouche ? Est-il nécessaire, et partant
légitime, pour combattre la pente naturelle à la

volupté, de susciter ce parti pris violent de renoncement, ce fanatisme de tempérance ? L'ascétisme se recommande-t-il, sinon comme doctrine,
au moins comme pratique ou tendance ? L'exagération même de ses maximes peut-elle être
interprétée comme révélant, chez ses fondateurs,
une intuition juste et profonde des nécessités
psychologiques de l'éducation morale ?

Cela mène à poser la question : le mensonge
pour le bien (τὸ ψεύδεσθαι ἐπάγαθῷ) la convention
et l'illusion sont-ils recevables en morale, peu-
vent-ils être autorisés, reconnus, ou au moins
tolérés ? Ne jugeons pas cette question impudente,
ne l'écartons pas a priori, avec hauteur et dédain.
Elle vaut d'être examinée. Pourquoi rejetterions-
nous des préjugés utiles, s'il en est de tels vraiment ? Disons au moins pourquoi nous n'userions
pas, au profit des mœurs, de ce secours inespéré.

D'une façon générale, c'est « lorsqu'il s'agit des
principes qui servent de base à la morale qu'il
importe de ne dire que des choses justes et incon-
testables » (1). Non pas que des principes faux
ne puissent engendrer des vertus, mais ces vertus
sont chancelantes, ruineuses, toujours mises en
péril par l'instabilité des principes sur lesquels
elles se fondent. Si l'on vise, en morale, du moins,

(1) Senancour, *Obermann*, Lettre LI, note.

non le succès prompt, immédiat, mais l'action durable et sûre, il faut renoncer aux préjugés, et prendre pour principe de « ne chercher à dire que des vérités en faveur de la vérité..., de ne pas confondre la pureté de l'intention avec la justesse des preuves, et de ne pas croire qu'il soit indifférent par quelle voie l'on persuade les meilleures choses... Il y a du danger à appuyer *ces* meilleures choses par des raisons seulement spécieuses ; lorsqu'un jour l'illusion se trouve évanouie, la vérité même, qu'elles paraissaient soutenir, en est ébranlée. Les choses vraies ont leur valeur réelle ; il n'en faut pas chercher d'arbitraires » (1). Une « législation morale », exclusivement fondée sur des « principes évidents », peut être sans doute « moins persuasive dans les premiers temps, et moins propre à faire des enthousiastes », mais elle est « inébranlable ». Au contraire, il est bien prouvé par « l'histoire de tant de sectes religieuses et politiques » qu'il n'y a pas d'illusions heureuses et vraiment désirables, car il n'y en a pas qui ne soient éphémères, et ainsi ne représentent un appui destiné fatalement à manquer.

Non seulement il n'y a pas à faire fond sur la vertu qu'engendre l'ascétisme, mais il y a peut-être à se défier de cette vertu même ; elle est plus

(1) Senancour, ouvr. cité, *ibid.*

farouche que solide, plus apparente que réelle.
Quand on ferait abstraction de la moralité interne,
de la justesse des principes, de la droiture des
sentiments, l'ascétisme serait encore un mauvais
calcul. Il faut dire à ses partisans : « Vous avez
trop étendu les devoirs. Vous avez dit : Deman-
dons plus, afin d'obtenir assez. Vous vous êtes
trompés. Si vous exigez trop des hommes, ils se
rebuteront ; si vous voulez qu'ils montrent des
vertus chimériques, ils les montreront, ils disent
que cela coûte peu ; mais parce que cette vertu
n'est pas dans leur nature, ils auront une conduite cachée toute contraire, et parce que cette
conduite sera cachée, vous ne pourrez en arrêter
les excès (1). » C'est en effet l'éternel scandale
des doctrines outrancières, ayant rompu avec la
raison, que la scission qu'elles opèrent naturellement, fatalement, entre les principes et les actes,
entre l'attitude morale et les sentiments vrais.

Ne parlons pas ici d'hypocrisie, ou ne croyons
pas du moins qu'il suffit d'en parler, que, quand
on a prononcé ce mot, tout est dit. L'hypocrisie
d'abord n'est pas une cause, mais un effet. Il faut
donc s'en prendre, non seulement à ceux qui subissent une telle déformation morale, mais aussi et
avant tout à ceux qui la produisent, la rendent
inévitable.

(1) Senancour, ouvr. cité.

Quand une doctrine, comme l'ascétisme, va
contre les instincts de notre nature, ou elle est
vaincue par ces instincts, ou elle en triomphe, ou
enfin il s'établit un compromis entre les penchants et les maximes, et une atténuation ou
déformation des uns par les autres. Dans tous les
cas, la fausseté de la thèse crée moralement une
situation fausse et des sentiments faux.

L'ascétisme est faux, en ce qu'il déplace et ren-
verse les idées morales, en ce qu'il voit le mal
où il n'est pas, dans la satisfaction des penchants
naturels, et le bien dans un état qui n'a que le
mérite d'être contre nature, comme le célibat,
qu'il exalte sous le nom de virginité. Il substitue
à la vertu véritable, simple et humaine, une vertu
romanesque et d'opinion, qui d'ailleurs ne s'appelle plus la vertu, mais la *sainteté*. Il est étranger
à la morale, car il la dépasse ; il vise une perfection plus haute et d'un autre ordre.

Par malheur, dans la réalité des faits, ce n'est
pas toujours en s'élevant au-dessus, c'est quelquefois, et le plus souvent, en tombant au-dessous
de la vertu moyenne, que les ascètes se montrent
étrangers à la morale. L'orgueilleuse doctrine
dont ils s'inspirent n'est que trop confondue par
les leçons de l'histoire. Les faits ont prouvé qu'on
ne méconnaît pas impunément la vérité psychologique et qu'on expie toujours par une chute

dégradante la folie de prétendre à une vertu plus qu'humaine. « L'homme n'est ni ange ni bête », dit Pascal, et le malheur est que qui veut faire l'ange fait la bête. On sait quels désordres virent les temps où fleurit la vertu monastique. Ces désordres, sans doute, l'ascétisme les flétrit, mais il ne laisse pas d'en porter la responsabilité, s'il a commencé par les rendre inévitables. En effet, il a d'abord le tort d'être une morale impraticable, et, à ce titre, de précipiter ses adeptes dans le mal en les décourageant du bien. Il a ensuite le tort plus grave de déformer les consciences, de faire naître et d'entretenir les pensées malsaines. Il ôte à l'intelligence sa droiture, au sentiment sa candeur : il exalte, trouble et salit l'imagination ; il transforme les plaisirs innocents, qu'il condamne, en objets, non de naturel désir, mais de convoitise inquiète. Il ne comprend pas la poésie des sentiments humains, il n'en saisit que les côtés vicieux et bas, il leur donne des noms qui les flétrissent et les dénaturent : l'amour devient *concupiscence*, l'union des sexes *œuvre de chair* et *fornication*. C'est la honte de la théologie d'avoir créé un vocabulaire spécial, dont les mots ont un sens de malpropreté très précis, et d'avoir grandement contribué à cette altération des sentiments naturels, qui s'appelle la fausse pudeur, la prude hypocrisie. On parle de rompre orgueilleusement avec la vie sensible, et on n'arrive qu'à s'emplir l'imagination de visions sensuelles. On ramène sans cesse la pensée sur les vices honteux ; on est hanté de leur image, qui se détaille et se précise ; on s'excite à les combattre ; mais on en est troublé, on s'en exagère le péril et l'attrait ; et on cède à la tentation avec un plaisir secret et une lâche épouvante. Ainsi l'ascétisme irrite le mal qu'il veut guérir. Il plonge les âmes toujours plus avant dans le péché. Il est une lutte inégale contre les penchants. Il ne supprime pas la sensualité ; au contraire, il développe une sensualité raffinée et maladive. Il est un épicurisme déguisé. La haine du plaisir cache un désir trop ardent, qui ne peut se satisfaire, ou qui n'ose.

Supposons cependant que l'ascétisme engendre la vertu matérielle ou de fait. Mais quelle vertu que celle dont le principe est l'épouvante causée par un mal imaginaire, et dont les mobiles secrets, la force impulsive sont, ou le plaisir amer de l'orgueil ou les délices trompeuses et suspectes de l'extase ! L'ascète, en effet, outre qu'il n'est qu'en apparence détaché du plaisir, puisqu'il aspire à la félicité éternelle, a dès maintenant, et en cette vie, ses joies propres : ce sont celles de l'enthousiasme ou « du fanatisme, dont la nature est de porter à tout ce qui est difficile et de faire vénérer tout ce qui est extraordinaire » (1) ; ce sont aussi celles de l'amollissante extase. « Tout exercice de piété, dit Edmund Clay, est suivi d'un plaisir particulier... Mme Guyon découvrit que ce plaisir la séduisait à négliger ses devoirs d'épouse et de maîtresse de maison au profit d'une certaine luxure de prière... Le plaisir de la piété est à la fois le motif et la récompense du martyr, des tortures que s'infligent les ascètes, du zèle des missionnaires. »

Mais c'est le propre des vertus ainsi fondées, des vertus paradoxales et contre nature, de ne pouvoir subsister longtemps, et de n'être, à la fin, qu'une attitude vaine, qu'une arrogante prétention. L'ascétisme est bientôt convaincu d'être une gageure imprudente, qu'on ne tient pas. On continue de l'afficher quand on ne le pratique plus ; il arriverait même, selon Nietzsche, que ceux qui l'affichent le plus sont ceux qui le pratiquent le moins. « Que l'on parcoure toute l'histoire des prêtres et des philosophes, y compris celle des artistes : ce ne sont *pas* les impuissants, *pas* les ascètes qui dirigent leurs flèches empoisonnées contre les sens, ce sont les ascètes impossibles, ceux qui auraient eu besoin d'être des ascètes » (2).

(1) Senancour, ouvr. cité.
(2) Nietzsche, *Le Crépuscule des idoles*. La morale en tant que manifestation contre nature.

L'ascétisme serait donc, en fin de compte, une hypocrisie, pis encore, une méconnaissance de soi-même, une fausseté de sentiments où l'on ne se retrouve pas, un mélange de sublimité cherchée, voulue et de bassesse réelle. L'immoralité des actes, et, à défaut, la perversion des sentiments, seraient ses suites ordinaires, et, pour qui le regarde dans l'ensemble et du dehors, ses traits caractéristiques.

Supposons le cas le plus favorable, celui où l'âme se révolterait à la fin contre l'ascétisme percé à jour, contre son orgueil, ses faiblesses et ses hontes. Dans ce cas même, l'ascétisme ne laisse pas d'être funeste encore par ses conséquences. Il provoque, en effet, une réaction outrée. L'esprit ne quitte pas une erreur, qu'il a embrassée avec force, sans garder le pli des habitudes qu'elle lui a fait contracter. Il ne retrouve pas son équilibre en rompant avec elle. L'emportement aveugle, qui la lui a fait adopter, se retrouve dans l'élan, la fougue avec lesquels il la répudie. Il en garde la forme, quand il en élimine la matière. Il en reste imprégné quand il la désavoue. C'est ainsi que l'immoralité licencieuse est souvent un puritanisme retourné, une attitude de défi, de bravade, une fanfaronnade nouvelle. Il y a du ressentiment, de la colère, une fureur de représailles dans tel retour à la nature et à la raison.

Enfin, ce qui rend toute erreur, particulièrement l'erreur fanatique, dangereuse, c'est le discrédit qu'elle jette sur la raison même. « Le plus grand de tous les malheurs, dit Platon, c'est de haïr la raison » (1). Or la misologie (haine de la raison) vient de la même source que la misanthropie. Pour s'être trop fié à un homme sans examen, pour l'avoir cru sincère, honnête et fidèle, et l'avoir trouvé faux et méchant, on se met à haïr tous les hommes sans distinction. De même, pour avoir adopté à la légère une règle de conduite, reconnue ensuite vaine, tyrannique et fausse, on se met à penser que toute règle morale est conventionnelle ou arbitraire, et on devient misologue ou sceptique.

L'ascétisme est, en même temps qu'un préjugé et une erreur, une perversion des sentiments, également grave en soi et par ses conséquences. Tout fanatisme, toute exaltation factice compromet la santé morale, détruit l'équilibre de l'âme. « Tel est le cœur humain. Si on veut trop presser le ressort de la crainte (ou de toute autre passion), on perd sa souplesse ; et, si on va encore plus loin, il arrive qu'on le brise : on donne aux âmes le courage du crime ; on éteint toute énergie dans celles qui ont de la faiblesse, et l'on entraîne les

(1) *Phédon.*

autres à des vertus atroces. Si l'on porte au delà
des limites naturelles l'émotion des organes, on
les rend insensibles à des impressions plus modé-
rées. En employant trop souvent, en excitant mal
à propos leurs facultés extrêmes, on émousse leurs
facultés habituelles ; on les réduit à ne pouvoir
que *trop ou rien*; on détruit cette proportion or-
donnée » (1), cette harmonie naturelle, qui est le
sens de la vie et des choses.

L'ascétisme est, dans l'ordre du sentiment
comme dans celui des idées, la maladie de l'absolu.
Cette maladie revêt deux formes extrêmes et contraires : l'atonie et l'exaltation. Elle engendre ou
la dureté, la sécheresse du cœur, d'un mot, le
dénûment affectif, ou la déviation du sentiment,
la haine du plaisir, haine trop violente pour n'être
pas suspecte, sous laquelle se cachent le regret,
le dépit d'une vie manquée, la jalousie parfois du
bonheur d'autrui.

De ce que l'ascétisme est une morale d'impuissants, d'extatiques et de fanatiques, de dégénérés
et de forcenés, il ne faut pas conclure qu'il n'est
point dangereux et fera peu d'adeptes. Son outrance même le sert : l'exaltation est contagieuse.
Sa sévérité impose : « Ce qui doit exalter l'imagination , déranger l'esprit, passionner le cœur et

(1) Senancour, ouvr. cité.

interdire tout raisonnement réussit d'autant mieux
qu'on y joint plus d'austérité » (1). L'ascétisme
surprend la bonne foi des âmes jeunes, enthousiastes, promptes à s'éprendre de maximes absolues. Il exerce son prestige sur ceux qui précisément aspirent à la moralité la plus haute. Il porte
atteinte au devoir de la façon peut-être la plus
grave, non en le désavouant, mais en le dénatu-
rant.

On comprend que Bentham ait poursuivi cette
doctrine de sa haine, car elle a été vraiment
funeste : elle a fait le supplice et le tourment de
ceux qui, ayant eu la candeur d'adopter ses principes, ont eu ensuite le fier et triste courage de
s'y tenir. Lorsqu'une morale nous commande le
sacrifice de notre bonheur, on a le droit d'exiger
qu'elle le fasse au nom de la raison et pour des
motifs justes et fondés. Or l'ascétisme ne justifie
point, mais édicte, comme des oracles, des
maximes contraires à la nature, et dont le bon
sens suffit seul à saisir l'extravagante frivolité.

Il met cependant ses adversaires, à ce qu'il
semble, dans une position fâcheuse. Il leur inflige
l'humiliation de défendre contre lui des vérités si
simples qu'elles n'auraient jamais dû être mé-
connues, ni seulement mises en question. Il les

---

(1) Senancour.

oblige à rétablir, à remettre en honneur, j'allais
dire à présenter comme nouvelles, des maximes
du genre de celle-ci : « Il est d'un homme sage
d'user des choses de la vie, et d'en jouir autant
que possible, de se réparer par une nourriture
modérée et agréable, de charmer ses sens du par-
fum et de l'éclat verdoyant des plantes, d'orner
même son vêtement, de jouir de la musique, des
jeux, des spectacles et de tous les divertissements
que chacun se donne, sans dommage pour personne » (1). Il ne faut pas avoir honte de dire des
lieux communs, lorsqu'il s'agit de combattre des
originalités dangereuses. La morale a, entre autres
tâches, celle de dénoncer la fausseté et l'hypocrisie du pharisaïsme sentimental, du pédantisme
vertueux, et de dégager la poésie des sentiments
vrais, simplement humains. C'est le sens profond
de la parole citée de Spinoza, lequel se rencontre
ici, non seulement avec la sagesse païenne, mais
avec le christianisme primitif, si différent de la
doctrine farouche de Jansénius et de Calvin, et
avec le christianisme raisonnable de tous les
temps. En effet, « si le chrétien sait bien comprendre la dépendance de la volonté à l'égard des
penchants, dit un philosophe moderne, il évitera
dans la pratique la déviation ascétique, et la vie

---

(1) *Éthique*. De l'esclavage. Scholie de la proposition 45.

chrétienne reprendra cette largeur et cette aisance
dont nous donna l'exemple celui qui a voulu tra-
verser la vie, mangeant, buvant, allant aux repas
de noces, fréquentant toutes les réunions gaies et
innocentes » (1).

Il ne s'agit pas de résister à l'attrait naturel des
désirs, de les condamner tous en bloc d'une façon
absolue, de les flétrir énergiquement, avec moins
de conviction peut-être que de bravade, mais au
contraire de les accepter tous, et de s'appliquer
seulement à les « spiritualiser, à les embellir »,
sinon, comme dit Nietzsche, à les « diviniser ».

Spinoza, dont la vie fut celle d'un saint, n'est
pas suspect, lorsqu'il écrit : « La chose du monde
à laquelle un homme libre pense le moins, c'est la
mort; et la sagesse n'est point la méditation de la
mort, mais de la vie » (2). Si l'ascétisme se résume
dans la formule : « philosopher, c'est apprendre à
mourir », il n'y a donc, pour ainsi dire, qu'à en
retourner la formule, pour rencontrer l'expression
exacte de la vérité morale. Accepter la vie, en
jouir, garder la faculté de goûter les joies innocentes, c'est là en effet ce que prescrit le devoir,
en conformité avec l'instinct.

En résumé, l'ascétisme, considéré comme doc-

_____

(1) Clay, *L'Alternative*, p. 511 (Paris, F. Alcan).
(2) *Éthique*, IV, prop. 67.

trine morale, est de tous points condamnable : il
a des conséquences funestes, la ruine du bonheur,
et des principes faux.

Mais on peut l'entendre comme système d'éducation. Il rentre alors dans ce qu'on a appelé le
formalisme moral ; il est une gymnastique, un jeu.
Réduit à cela, vaut-il qu'on s'y applique ? Consen-
tira-t-on d'ailleurs à le subir ? Ne paraîtra-t-il pas
une torture vaine, odieuse et barbare, sans but
immédiat, et hors de proportion avec le but lointain visé ? « C'est chose démoralisante, dit Guyau,
que la conception d'une moralité exclusivement
formelle, détachée de tout ; c'est l'analogue de ce
travail qu'on fait accomplir aux prisonniers dans
les prisons anglaises et qui est sans but : tourner
une manivelle pour la tourner ! On ne s'y résigne
pas. Il faut que l'intelligence approuve l'impératif,
et qu'un sentiment s'attache à son objet » (1).

En fait, l'ascétisme, loin de conduire à la tempérance et au courage, parfois en détourne. Et ce
n'est point là peut-être un accident. L'ascétisme
paraît soumis à une loi de déchéance fatale. Déjà,
en se prolongeant, il constitue un danger. Admis
d'abord comme moyen, il se pose ensuite indûment comme fin. On s'en tient à l'éducation morale,

_____

(1) *Esquisse d'une morale sans obligation ni sanction*
(Paris, F. Alcan).

aux exercices de vertu. On ajourne indéfiniment, on esquive la moralité vraie, celle qui se déploie dans la vie et l'action. Or il n'est pas permis de se dérober aux devoirs réels, fût-ce pour s'en créer d'autres, plus difficiles peut-être, mais imaginaires et de luxe ; il n'est pas permis de se désintéresser de l'action, et de poursuivre le pur mérite moral, sans se proposer aucun but, de se retirer du monde pour donner au monde le spectacle d'une vertu sans objet. L'ascétisme, entendu comme une sorte de dilettantisme moral, comme un art vain, qui consiste à jouer à la vertu, au lieu de pratiquer la vertu même, est en soi, non une amoralité simple, mais une immoralité véritable. Il est d'abord ce que les théologiens appellent un péché d'*omission*. Il devient ensuite un péché de *commission*. En effet, on ne se met pas impunément en marge de la vie. Non seulement on se rend incapable d'en pratiquer les vertus, par cela seul qu'on n'en subit plus les conditions ; mais encore, si haut qu'on élève ses sentiments, si fort qu'on tende l'effort de sa volonté dans le cadre artificiel de l'idéal ascétique, on tombe au-dessous des tâches simplement humaines, on est dépaysé dans la vie réelle, au point d'en trahir les devoirs les plus humbles et les plus essentiels. Non seulement la vertu de cloître est socialement sans emploi, non seulement elle représente une force perdue pour l'hu-

manité, une bonne volonté gaspillée et gâchée,
mais encore elle est incompatible avec les vertus
sociales, elle en détourne, elle y rend impropre,
elle en inspire le mépris. L'ascétisme est un scepticisme moral; il enseigne que la vie est un néant,
qu'elle est sans dignité et sans prix ; il conduit à
en déserter les devoirs. Il maintient pourtant la
notion du devoir; bien plus, il la renforce, mais
il la transporte dans un ordre de fins chimériques,
il l'applique à des actions extraordinaires, étranges,
prises hors du sens commun et de l'humanité ; il
la réduit à la notion de mérite, de tour de force,
de difficulté vaincue ; il l'amoindrit, il la puérilise.
Or, la première déformation morale consiste à
prendre légèrement les choses sérieuses, et sérieusement les choses vaines. Cela entraîne toutes les
autres déformations. Il est si tentant de traiter le
devoir comme une convention libre, comme une
formule applicable à toutes les données empi-
riques, ou de le déployer comme une auréole
majestueuse à l'entour de toutes les passions. Il
y a de quoi donner le vertige, faire tourner les
têtes faibles dans cette idée que le devoir est une
forme pure, un état de grâce, de spiritualité mystique, qu'il plane donc au-dessus de la vie, qu'il
n'est engagé dans aucune de ses conditions et de
ses formes, et qu'il peut s'accommoder de toutes.
On voit le lien qui rattachera les défaillances mo-

rales à cette doctrine spéculative. L'ascète aspire
d'abord à une vertu surhumaine ou extra-humaine;
mais comme il ne peut dépouiller l'homme qui
est en lui, vider l'âme de ses passions, il met au
service des passions qui lui restent les maximes
de sa doctrine, il magnifie son égoïsme, il jette
un voile sur ses vices, les pare de noms glorieux.

Le principe fondamental de l'ascétisme en explique le processus psychologique ; ce processus à
son tour éclaire le principe de l'ascétisme, en
éprouve la valeur. L'ascétisme est psychologiquement une erreur, et par là même il est moralement un danger.

DEUXIÈME PARTIE

L'EXORCISATION DU FANTOME DE L'ABSOLU

———

Sous ce titre un peu ambitieux, qui indique le but visé plutôt que le résultat obtenu, nous allons donner une sorte de conclusion aux analyses qui précèdent.

On peut dire qu'il y a deux sortes d'esprits : ceux qui prennent, sinon toutes choses, au moins certaines choses, au sérieux, voire au tragique, et ceux qui ne portent un intérêt profond et complet à quoi que ce soit au monde. Moralement, pour ne pas dire psychologiquement, les premiers seuls comptent. Ils se divisent eux-mêmes en esprits qui revêtent de la forme de l'absolu, soit un idéal romanesque et de convention, soit des sentiments naturels et vrais.

Mais faisant abstraction de ces différences et

généralisant la question, étudions le sentiment de l'absolu en lui-même, et non plus appliqué à tel ou tel objet. Comment prend-il naissance? En quoi consiste-t-il? Quelle est sa nature?

On peut d'abord le concevoir comme un mode général de sentir, comme une forme d'âme permanente et une, qui s'empreint en tous les sentiments, les anime, les colore, mais n'est liée à aucun. S'il en était entièrement ainsi, si l'absolu était toujours identique à lui-même, et ne dépendait en rien des états qu'il affecte, dont il est la marque, on n'en aurait pas conscience. Mais il est une aspiration plutôt qu'un fait; il a peine à se réaliser, à se maintenir; il a ses crises, ses défaillances. En réalité, il n'est pas nécessairement lié à des états psychiques donnés, mais il ne laisse pas de se rencontrer particulièrement en certains états, lesquels peuvent ainsi indirectement servir à le caractériser, sinon à le définir.

Passons en revue ces états auxquels s'attache le sentiment de l'absolu. Ils sont très nombreux et très divers. En les groupant, en dégageant leurs caractères communs, on arrivera à démêler et à saisir ce sentiment.

Il n'y a pas de fait psychique, si élémentaire qu'il soit, et par exemple il n'y a pas de sensation qui ne puisse donner le vertige de l'absolu, qui ne puisse réaliser le summum de la joie, et pro-

duire un état analogue au ravissement de l'extase.
C'est peut-être ce qu'entendait Guyau, lorsqu'il
disait qu'une saveur peut s'élever à la dignité de
plaisir esthétique. Après une rude excursion en
montagne, trouver inespérément le frais abri d'un
chalet, et y boire une tasse de lait, ce n'est rien
moins qu'un rêve de félicité physique. Et il n'est
pas besoin qu'à l'intensité de cette sensation
s'ajoute la poésie des images, que le touriste s'en-
chante du souvenir des sites parcourus. La sensation de la soif apaisée se suffit à elle-même.
Elle épuise la volupté, elle est un abîme de bien-
être. C'est par là qu'elle est esthétique, ou de la
nature des émotions esthétiques, toujours pleines
et entières. Des sensations moins relevées encore
peuvent donner, de même, un absolu de joie physique : le paysan qui, au terme d'une journée de
travail, se jette sur son lit sans pensée, et « goûte
un repos digne des lassitudes », l'accouchée qui
renaît à la vie, connaissent la volupté suprême.

Toutefois il semble qu'il y ait, du point de vue
de l'absolu, des sensations privilégiées, s'élevant
naturellement au paroxysme de la jouissance.
Telles seraient celles de l'amour. Aussi l'amour
s'exprime-t-il en langage métaphysique.

Et l'on ne peut, à l'heure où les sens sont en feu,
Etreindre la beauté sans croire embrasser Dieu.
                                    V. Hugo.

Ce n'est pas que les plaisirs de l'amour soient particulièrement intenses : l'appétit sexuel n'est pas plus impérieux que la faim ou la soif ; les plaisirs qu'il engendre peuvent n'être pas plus vifs que ceux de la table. Mais il faut distinguer des sensations volumineuses et des sensations intenses. La jouissance absolue rentre dans les premières. Elle est celle qui a, non le plus d'acuité, mais le plus d'étendue, de retentissement dans tout l'être. Elle est, non pas la plus forte, mais la plus riche et la plus complexe. Or la volupté amoureuse prend l'être tout entier et par tous les sens. Il y entre comme éléments les parfums, les attouchements, les caresses, le charme de la voix, la beauté du corps, la grâce des mouvements, l'expression du visage, la tendresse, la générosité et l'ardeur des sentiments. C'est par là qu'elle surpasse toutes les autres, qu'elle est souveraine ou absolue.

Si cependant il arrive qu'une sensation spéciale produise cet état de plénitude qu'on appelle le ravissement ou l'extase, c'est que cette sensation est elle-même l'élément dominant d'un groupe de sensations confuses. Elle est alors comme une mélodie simple qu'un riche accompagnement fait valoir. Pour qu'une sensation soit un abîme de jouissance où notre être s'engloutit et se perd, il faut donc toujours, et, d'autre part, il suffit que cette sensation s'empare de toutes nos puissances. L'absolu de la sensation se mesure, non à son intensité, mais à son volume, à sa prise de possession de toute l'âme.

Il suit de là qu'une sensation modérée peut répondre à la plénitude du désir et réaliser pour nous l'absolu. Sainte-Beuve conçoit comme une forme du bonheur parfait le plaisir de passer les heures lourdes d'un jour d'été, dans une chambre aux stores baissés, en savourant la lecture rafraîchissante et calme d'un bon roman anglais. Telle est aussi la simplicité de l'idéal rêvé par le poète :

> Hoc erat in votis : modus agri non ita magnus,
> Et paulum silvæ super his foret.

L'absolu de la jouissance, le bonheur suprême serait même, pour Épicure, le calme parfait de l'âme et des sens.

L'état que nous cherchons à décrire, cet état auquel on arrive par tant de voies, et si différentes, ne laisse pas lui-même d'être simple. C'est celui que les mystiques ont appelé l'unification, ἕνωσις. Il consiste à se plonger et à se perdre tout entier dans un sentiment unique, que ce sentiment soit par nature simple ou complexe, qu'il soit par exemple l'anéantissement de la fatigue, ou l'éveil et la pleine expansion de l'âme et des sens sous l'influence de l'amour.

DUGAS. — *L'Absolu.*   7

Un sujet qui, par hypothèse, n'aurait qu'une sensation, s'absorberait tout entier en elle ; si cette sensation était l'odeur de rose, il dirait : Je suis odeur de rose. L'être psychique le plus rudimentaire, s'il avait le sentiment de son existence, et si ce sentiment se traduisait par une impression unique, aurait, comme Dieu, la conscience de la plénitude de son être, et serait une manière d'absolu.

Mais, d'autre part, la conscience peut revêtir la forme de l'ἕνωσις, en restant complexe, variée et infinie dans ses développements ; il suffit, pour cela, que ses éléments s'organisent, se fondent en une impression dominante, comme les harmoniques se perdent dans le son fondamental, ou, mieux, comme des notes successives composent un chant unique.

L'absolu exprime donc ou la simplification ou l'amplification des facultés, ou le vide ou la plénitude de l'âme. L'ἕνωσις est l'unité de l'être qui sent ses facultés se concentrer dans cette impression si pleine, que traduit par exemple le mot amour, ou l'unité de l'être simplifié qu'imagine Condillac, absorbé dans une sensation d'odeur. C'est, d'un mot, le moi touchant le fond de sa nature ; il n'importe point que ce moi soit Dieu ou un être imparfait ; pour qu'il se sente absolu, il suffit qu'une sensation le révèle tout entier à lui-même.

La sensation qui nous élève à l'absolu est celle qui n'est pas un accident dans la vie, mais l'expression de la vie même, son épanouissement complet. Dès lors la qualité ou spécificité de cette sensation est indifférente ; il n'est pas même nécessaire qu'elle soit de la nature du plaisir. Il y a un absolu de la souffrance qui exalte l'âme comme la joie suprême. Le stoïcien qui se raidit contre la douleur et lui crie : Tu n'es pas un mal ! s'il n'est pas un simple acteur appliqué à bien jouer son rôle, si on le suppose sincère, a l'ivresse de faire l'essai de ses forces et de les ramasser toutes dans un acte d'énergique tension. Je sais telle personne qui prétend que se faire arracher une dent est une volupté, non qu'elle aime à étaler son courage ; mais il lui plaît de se l'attester à elle-même et de sentir son énergie à souffrir plus forte que la douleur. Le Romain qui tient le bras étendu dans la flamme, le martyr qui rayonne de joie au milieu des supplices, sont soulevés au-dessus d'eux-mêmes, comme l'amant peut l'être par l'extrême bonheur. Si on analyse l'état d'âme des pessimistes sincères, on voit qu'ils vont et qu'il leur plaît d'aller jusqu'au fond de la douleur. C'est l'absolu qu'ils cherchent en elle, et ils éprouvent à le trouver comme une joie amère.

Il est à noter que le sentiment de l'absolu, s'ajoutant à une sensation de plaisir ou de douleur, change la nature de cette sensation : il la transfigure, l'exalte, la rend tragique. Il transforme presque la douleur en plaisir :

> Eh bien ! je meurs content, et mon sort est rempli !

s'écrie Oreste de Racine.

> Eh bien ! ce cri d'angoisse et d'horreur infinie,
> Je l'ai jeté, je puis sombrer !
>
> (Mme ACKERMANN.)

Le sentiment de l'absolu exalte de même le plaisir jusqu'à la souffrance. Quand on a vécu « en plein ciel », qu'on a connu le bonheur, on sent qu'on a épuisé la vie, qu'on n'a plus qu'à mourir. C'est le *Nunc dimittis* du vieillard Siméon.

Nous avons défini le sentiment de l'absolu, nous en avons indiqué les caractères. Nous voudrions en suivre l'évolution, en montrer la portée, en signaler les effets et les suites.

Ce sentiment est rarement éprouvé, puisqu'il ne s'ajoute à la sensation que lorsque la sensation épuise les facultés de l'être sentant. Non seulement il est des âmes auxquelles il est étranger, des âmes qui semblent n'avoir jamais été remuées jusqu'au fond, mais encore celles mêmes que hante l'absolu avouent que la vision en est fugitive et rare : c'est ainsi que Plotin n'a connu l'extase que deux ou trois fois, et que d'autres mystiques n'ont jamais pu atteindre cet état bienheureux. Mais si la sensation qui revêt la forme de l'absolu traverse notre vie comme un éclair, elle y laisse des traces durables, nous en restons pour toujours éblouis. Quand nous l'avons connue, nous n'en voulons plus d'autres, nous cherchons à la ressaisir, et, si elle nous fuit sans retour, nous ne nous consolons pas de l'avoir perdue.

Ainsi il en est qui, pour avoir trop goûté l'ivresse des moments d'extase, ne peuvent plus s'accommoder de la vie médiocre, se laisser prendre aux sensations ordinaires et communes, qui sont atteints de ce qu'Amiel appelle « la nostalgie de l'idéal ». Des sensations nouvelles ne les peuvent émouvoir ; ils en sont effleurés, et non pénétrés en leur fond ; ce qu'ils regrettent alors, ce n'est pas tant leurs jouissances perdues que leurs facultés atteintes ou leur moi diminué.

Le sentiment de l'absolu peut donc fuir ceux qu'il a visités. On ne garde pas longtemps, toujours, le pouvoir de vibrer tout entier au contact d'une émotion donnée. Cette émotion se reproduit-elle ? Le charme en est épuisé, le prestige évanoui ; c'est elle, et ce n'est plus elle. Elle déçoit ceux qu'elle avait transportés et ravis. C'est là la chute ordinaire de l'absolu dans le relatif.

Mais ceux qui ont accompli cette chute, qui y sont résignés, et renoncent à atteindre, même à poursuivre l'absolu, ne laissent pas, par le regret qu'ils en ont au fond d'eux-mêmes, de ne pouvoir se contenter du relatif, devenu leur lot.

Quant aux natures ardentes et vivantes, elles ne consentent pas à porter ainsi le deuil de l'absolu, elles s'efforcent de le retrouver et de le ressaisir; elles étendent et varient à cette fin leur expérience psychologique. Il semble qu'il y ait une sensualité noble et presque héroïque; c'est celle que le romantisme exalte sous le nom de passion, et qui est la recherche de l'absolu dans l'ordre des sens, le besoin d'une vie pleine, débordante, l'amour du plaisir en tant qu'il emplit le cœur, grise le cerveau, concentre et exalte toutes les puissances de l'âme. Le grand sensuel connaît les tourments de la passion; il subit le martyre de ses vices; sa vie n'est que déboires; il n'est pas un voluptueux, mais, à sa manière, un chercheur d'idéal. C'est à ce point de vue que les poètes du dernier siècle ont réhabilité don Juan; ils lui savent gré d'avoir poursuivi l'absolu dans l'amour.

> Victime du désir, plein d'une ardeur étrange,
> Tu t'acharnais en vain à fouiller dans la fange,
> *Et descendais toujours sans cesser d'aspirer.*
>
> (Mme ACKERMANN.)

Le sentiment de l'absolu nous détache en quelque sorte des sensations, nous les fait dépasser, nous soustrait à leur joug, dans l'instant même où nous paraissons le subir. C'est par là que don Juan, le don Juan idéalisé des poètes, rejoint les mystiques, qui ont l'âpre goût de la souffrance, pratiquent les macérations et font crier la chair. Dans la sensualité, comme ceux-ci dans la mortification des sens, ce qu'il poursuit, c'est l'absolu. Cette aspiration le distingue du débauché vulgaire. Le mot de l'Évangile : « Il ne faut pas vouloir la mort du pécheur », pourrait être interprété librement ainsi : Il ne faut pas désespérer de l'homme plongé dans la débauche et le vice, tant qu'on peut supposer que ce qui l'attire, ce n'est pas le vice ou la débauche, mais l'infini qu'il rêve d'atteindre en eux. Cet homme est de la race des mystiques. Il n'a besoin que d'être détrompé, et de reporter sur des objets plus dignes l'ardeur de sa passion. Il peut donc se sauver par où il s'est perdu.

Le donjuanisme, en effet, repose sur une erreur, sur une conception de l'absolu systématique et étroite, qui est précisément aussi celle des mystiques. Il consiste à croire que l'infini réside dans un instant incomparable, unique, de ravissement ou d'extase, dans une sensation privilégiée, qui vide la vie d'un trait et réalise l'infini du désir

On trouve cent formules poétiques de cette conception.

> Vivre, c'est dépenser comptant
> Toute sa vie en un instant.
> Qu'importe avant! Qu'importe après!
> On passe, on reste sans regrets ;
> Et le tout, c'est d'avoir goûté
> Dans cet instant l'éternité.
>
> (RICHEPIN — *La Mer.*)

> ... Cet instant où votre âme engourdie
> A secoué les fers qu'elle traîne ici-bas,
> *Ce fugitif instant fut toute votre vie,*
>   Ne le regrettez pas!
>
>   (MUSSET — *Souvenir.*)

> *Durer n'est rien.* Nature, ô créatrice, ô mère!
> Quand sous ton œil divin un couple s'est uni,
> Qu'importe à son amour *qu'il se sache éphémère*
>   *S'il se sent infini* !
>
> (Mme ACKERMANN — *Paroles d'un Amant.*)

L'absolu est dans cette conception comme un
coup de foudre, une grâce d'en haut. Dès lors, il
n'est plus pris, en un sens, comme fin, il est un
objet de désir ou d'attente, mais non de volonté
proprement dite. De là peut résulter une démora-
lisation foncière. On met à part le bien suprême,
comme une espérance lointaine, plus ou moins
décevante, comme une tentation du sort ; on se

rabat sur les fins accessibles à la volonté, sur les
plaisirs inférieurs, tenus pour négligeables et
indifférents, mais qui ne laissent pas de prendre
la place laissée vide dans l'âme. La chute de l'absolu dans le relatif est ainsi dégradante et profonde.

Mais, au lieu de concevoir l'absolu sous la
forme anarchique ou discontinue, comme un
instant ou une série d'instants extatiques, on peut
le concevoir sous la forme dynamique, comme
continu ou permanent. L'état absolu ou divin
consisterait alors, non à s'oublier dans l'instant
qui passe, mais à se ressaisir à tous les moments
du temps, à réaliser, à travers la diversité des sensations, cette continuité et cette unité de vie, que
les Anciens appelaient *constantia*, ζῆν ὁμολογουμένως,
à maintenir, par un incessant effort de volonté, la pleine possession et jouissance de ses
facultés, au lieu de se contenter de la rencontrer
par hasard, sous le coup d'une inspiration heureuse, à être soutenu par une passion durable, au
lieu d'être soulevé par une émotion fugitive. La
passion, en effet, nous transporte dans l'absolu,
en projetant sa trace lumineuse sur les événements divers et sans lien d'une vie en elle-même
insignifiante et terne, en fondant dans une extase
perpétuelle ou toujours renouvelée nos impressions passagères et contraires. Nous possédons en

elle, comme dit Epictète, la baguette de Mercure qui changeait tout en or ; nous pouvons de tous événements faire sortir la joie. Il y a une sagesse qui n'est point désenchantement et résignation morne, mais fidélité à l'idéal entrevu, courageux et persévérant effort pour l'atteindre, certitude interne du bonheur qui ne peut être ôtée. Cette sagesse est autre chose que l'illusion toujours renaissante, que l'âpre et aveugle goût de vivre, qui persiste en dépit des déboires et des mécomptes de la vie ; elle est l'acceptation de la condition humaine, le renoncement à un bonheur qui serait fait d'émotions débordantes et lyriques, le contentement, si je puis dire, du bonheur calme, profond et grave. Dans l'ordre du bonheur, on rêve, en effet, tantôt l'absolu de la durée, tantôt l'absolu de l'intensité.

A côté de ceux qui dépensent leur vie sans compter, il y a ceux qui la resserrent et concentrent en eux-mêmes ; à côté des prodigues, il y a les avares ; à côté des débauchés, les ascètes. Qui dira lesquels sont les plus ardents et les plus passionnés, les plus épris de l'absolu ? Les hommes ne peuvent pas être toujours montés au ton de l'enthousiasme ; l'état d'âme romantique serait une frénésie, un délire, s'il n'était pas simplement une attitude esthétique, une grâce cherchée et voulue, un snobisme ou une mode. Mais, l'enthousiasme tombé, l'âme peut rester fidèle à l'objet qui a excité son enthousiasme ; elle ne cesse pas d'en être touchée, elle en garde le culte. Il y a un substitut ou équivalent de cet état qu'on appelle l'enthousiasme, le ravissement ou l'extase, et que j'appellerai l'élévation à l'absolu ; c'est celui que les moralistes ont décrit sous le nom de *devoir*. Le devoir est l'enthousiasme qui, ayant jeté sa flamme, garde sa chaleur, l'enthousiasme qui n'est plus lyrique, qui ne s'exprime plus, n'apparaît plus, mais qui persiste sous une forme nouvelle, qui est grave et recueilli. Il est impossible, comme le remarque Ad. Smith, que l'on ait toujours le cœur débordant de sympathies ; il est impossible que l'on ait toujours faim et soif de justice ; l'âme a ses tiédeurs, tombe parfois au-dessous d'elle-même ; mais on peut, par un parti pris héroïque, par un loyalisme moral, perpétuer, fixer les effets des élans généreux du cœur, les suivre encore, quand on n'en subit plus l'entraînement, se conduire, en un mot, d'après des maximes ou règles abstraites : c'est là ce qu'on appelle observer la vertu, pratiquer le devoir. On rentre ainsi, par une voie détournée, dans l'absolu, ou, mieux, on s'y établit à demeure.

L'enthousiasme abstrait, je dirais l'enthousiasme à froid, si le mot n'était pris communément en mauvaise part, est peut-être le plus ordinaire. C'est celui des fanatiques et des entêtés. On en a vu plus haut les excès et les dangers. Il consiste à ne remonter plus à l'origine des principes une fois adoptés, à ne les soumettre plus à l'appréciation directe du sentiment, parfois à se déguiser à soi-même, par l'observance littérale et brutale de ces principes, illusoirement érigée en vertu, la pauvreté, la sécheresse ou la déformation même de ses sentiments et de ses idées.

En somme, il y a plusieurs sens du mot absolu. Nous distinguerons d'abord un absolu *senti* et un absolu *pensé* ou abstrait. Le premier est représenté par tout état d'âme, sensation ou sentiment, qui se suffit à lui-même, qui est marqué du caractère de la plénitude ou de l'achèvement, qui ne laisse rien à désirer ou à regretter, qui exerce, concentre ou épuise toutes les facultés de l'âme ou des sens. Le second est le même état, non plus éprouvé, mais imaginé ou seulement conçu ; il est représenté par une idée acceptée sans réserves, élevée au-dessus de toute discussion, emportant l'adhésion de l'esprit tout entier. Le premier est l'absolu des poètes ; le second, celui des moralistes. Il peut arriver qu'ils s'excluent : être accessible à l'un, c'est souvent être fermé à l'autre.

C'est par la façon dont les hommes entendent l'absolu, autant que par la diversité des objets

auxquels ils appliquent l'idée d'absolu, qu'ils diffèrent les uns des autres. Il en est qui ne savent
pas disposer de leur cœur et en disposent, en
quelque sorte, au hasard, se livrant d'ailleurs ou
croyant se livrer tout entiers, dans ces coups de dé
ou caprices de leur volonté, qui les lient au destin
inexorable ou aveugle. Tels sont les entêtés, les
fanatiques et les ascètes, esprits aventureux,
romanesques et bornés, âmes passionnées et ardentes, natures faibles et brutales. Ils revêtent du
sentiment de l'absolu l'objet quelconque auquel
leur volonté s'attache, se figent et se raidissent
dans ce sentiment, font violence à leur nature, à
leurs instincts, s'obstinent avec une sorte de
mauvaise foi dans une résolution première, loyalement, mais légèrement prise. A ces esprits farouches, d'une passion suspecte, d'un aveuglement voulu, s'opposent ceux qui puisent le respect
de leurs sentiments dans leur sincérité même,
qui ne se défient pas d'eux-mêmes, de leur caractère, qui ne s'arment pas d'avance contre leur
propre faiblesse, qui ne se lient pas par des mots
d'ordre, des engagements solennels et des ser-
ments, mais se laissent aller à la droiture de leur
nature et ne reconnaissent comme absolu, que
leurs sentiments naturels et l'évolution naturelle
de leurs sentiments.

Le point de vue de l'absolu, tel que nous ve-

nons de le définir, a psychologiquement une
grande portée. Il pourrait servir de fondement
à une classification des caractères. Les hommes,
en effet, diffèrent par le degré de profondeur
aussi bien que par la nature de leurs sentiments : il en est de légers, pour lesquels rien
n'existe ; il en est qui prennent tout au sérieux et
à cœur. Il en est aussi qui ont l'intention, la
bonne volonté d'être sérieux, mais qui n'en ont
pas la vocation et les moyens. Ceux-là chaussent
le cothurne, forcent leur talent : en eux, rien que
de tendu, de forcé, de guindé. Ce ne sont pas
moins ceux que, dans le langage vulgaire, précisément on nomme les caractères absolus, entiers,
tout d'une pièce. Enfin, il est des esprits qui sont
naturellement dans la vérité humaine et dans la
vérité des choses ; c'est leur jugement qui prévaut
et fait loi, et qui, formulé, devient le mot d'ordre
des autres, la parole magique qui les rallie et les
entraîne. Ces derniers rencontrent l'absolu, sans
le chercher, par un instinct heureux.

  Classer ainsi les caractères du point de vue de
l'absolu, ce ne serait pas en méconnaître la plasticité naturelle et l'évolution. L'absolu, en effet, est
un centre vivant qui se déplace. Bien plus, on est
conduit, non seulement à observer, mais à comprendre l'évolution psychologique, à lui donner
son vrai sens, en analysant une crise, non assez

remarquée, quoique souvent décrite, qu'on pourrait appeler la crise de l'absolu. Il y a, dans la vie de tout homme, un moment où il s'éveille à la réflexion, où il prend conscience de son être, où il se connaît et se juge tout entier. A ce moment décisif il se demande comme Descartes : Que suis-je et que sais-je ? Quel est le fond de ma nature ? Quel est le principe de mes croyances ? — ou comme Stuart Mill : Que me faut-il pour être heureux ? Quel est l'objet véritable et dernier de ma volonté et de mes désirs ? Quels sentiments y a-t-il au fond de moi ? Ces questions une fois posées ne laissent plus l'esprit en repos. Il faut les résoudre, et, pour cela, faire tomber tous les voiles qui nous cachent à nous-mêmes, écarter les préjugés de l'éducation et de la coutume, dégager de tout l'apport des influences subies notre nature vraie, personnelle et sincère. La façon dont ils traversent une telle crise est la meilleure épreuve des caractères.

Il y a des esprits qui, voyant s'évanouir l'illusion qui a bercé leur enfance, sentant leur manquer l'appui qui les a longtemps soutenus, perdent le courage et le goût de vivre, ne retrouvent pas leur équilibre moral, ne savent pas s'établir dans la vérité. Jugeant les principes qui les abandonnent supérieurs à la réalité qu'ils découvrent, ils se croient trahis par la raison, ils n'osent se fier

à elle et la suivre. Il leur semble que l'absolu
leur échappe. Incapables de fonder une foi nouvelle, ils s'efforcent de retenir celle qu'ils ont perdue, de la maintenir au moins comme une raison
de vivre, ils s'y attachent par le besoin qu'ils en
ont. Il leur manque le courage ou peut-être la
santé et la vigueur nécessaires pour franchir cette
crise de puberté morale, qu'est le passage de la
convention à la vérité, de l'éducation à la vie
réelle.

D'autres esprits prennent aisément leur parti
de la chute de l'absolu dans le relatif. Ils abandonnent sans regret leurs croyances anciennes ;
ils s'en délivrent comme d'un joug qui leur a
longtemps pesé ; ils sont et resteront toujours
dans les sentiments de l'esclave affranchi ; ils ne
reconnaîtront désormais aucune règle ; ils s'en
iront à la dérive, sans boussole et sans lest.

D'autres enfin consentent, sinon sans mélanco-
lie, au moins sans amertume, à la perte de leur foi
première, comme à un sacrifice que leur raison
exige ; ils en comprennent la nécessité ; ils savent
y survivre ; ils renouvellent la matière ou l'objet,
voire le principe de leurs croyances, sans abandonner pour cela toute croyance ; pour eux, l'absolu réside dans le respect de la pensée, dans
l'acceptation de la vérité, quelle qu'elle soit, non
dans la fidélité systématique à un idéal adopté.

En résumé, la façon dont les hommes con-çoivent l'absolu, celle surtout dont ils opèrent le passage de l'absolu au relatif, qui est la grande crise de la vie individuelle, ou plutôt la mise à l'épreuve pour chacun de sa conception de la vie, sont hautement significatives de leur caractère, de leur nature d'esprit. Bien plus, la psychologie d'un homme est achevée, son caractère est connu d'une façon suffisante et complète, quand on a démêlé, à travers ses actions et ses pensées, s'il admet un absolu, quelle forme il lui donne, comment il l'accorde avec la réalité, comment il le poursuit et l'atteint. Ce qu'au fond chacun de nous veut être et est réellement, ce qu'il ne perd jamais de vue, ce pour quoi il vit, c'est là ce qui l'explique, et non l'analyse détaillée, minutieuse et précise de ses états d'âme. C'est sa personna-lité, « l'absolu » de son être, non ses modalités changeantes, ses apparences contradictoires que la psychologie a pour tâche essentielle de connaître. L'absolu est donc un point de vue, un centre de perspective de la psychologie : il est la clef des caractères, le fond des âmes.

Il peut aussi être pris directement comme su-jet d'étude, non plus psychologique, mais morale. L'absolu est, en fait, le centre de gravité de toute vie humaine. Mais ce centre se déplace : au cours de l'évolution, l'équilibre biologique et

psychique est de plus en plus complexe et instable, de plus en plus difficile à réaliser. Supposons consciente « l'idée organique » de Claude
Bernard, cet instinct fondamental qui opère le
passage du germe à l'être vivant, et conduit cet
être de l'enfance à l'âge adulte, de l'âge adulte à
la vieillesse et à la mort; cette conscience qui
relierait le passé à l'avenir, et concentrerait l'un
et l'autre dans le présent, serait l'absolu réalisé.
Mais c'est là un pur symbole, une hypothèse
figurative, un idéal simple, jamais atteint. L'idée
organique ne se réalise pas victorieusement et
d'emblée ; elle a à compter avec les conditions
d'un milieu favorable ou hostile ; elle en reçoit
l'empreinte ; elle se forme par degrés, elle se développe, s'enrichit, s'étend, ou au contraire se di-
minue et se réduit. Il en est de même de notre
idéal humain, de cet idéal que nous érigeons en
absolu, je veux dire en dehors duquel nous ne
concevons pas que notre vie soit possible, et que
notre vie nous paraît avoir précisément pour but
de réaliser. Il est d'abord a priori : il est le rêve
naïf que nous projetons sur la vie, la somme des
espérances que nous mettons en elle, l'essor libre
de nos aspirations et de nos instincts, non encore
déçus. Cet idéal toutefois ne laisse pas d'être réel,
et tenu pour tel ; il l'est par la base sur laquelle il
repose, par les instincts qui le suscitent et le

portent, par la foi qu'il inspire, par l'expérience, d'ailleurs incomplète, de la vie qu'il résume. ·

Mais c'est le propre de l'imagination de dépasser l'expérience et de se raidir contre elle, de ne pas se régler sur le cours des choses, de prétendre le diriger ou le conduire. De là des déconvenues fatales. Il vient un moment où l'écart est si grand entre notre représentation des choses et leur réalité que la vie n'est plus possible : il faut ou abdiquer le rêve et accepter la réalité, ou s'enfermer dans son rêve, tourner le dos à l'expérience, refuser de la subir. Deux partis d'ailleurs également désespérés et insoutenables. Car l'imagination doit avoir dans la réalité son appui : sa flamme autrement s'éteint, faute de nourriture ; et la vie, d'autre part, s'arrête si l'imagination s'en détache, si aucun rayon ne la colore, aucune foi ne l'anime, aucune espérance ne la soutient. On donne ordinairement le nom d'absolu à cette forme de pensée intransigeante et fière que l'expérience n'entame pas, ne parvient pas à réduire, à cette conviction forte que les échecs ne découragent ni ne rebutent : le type de l'absolu serait alors la raideur de l'imagination, l'entêtement. Mais l'absolu est en réalité la forme de toute pensée. Toute pensée, en d'autres termes, s'attache à l'être, non toutefois comme à un objet de spéculation, mais comme à un point d'appui et à une base d'action.

Les esprits diffèrent dans le choix de ce point fixe, de ce centre de perspective, mais tous ont un centre d'où leur pensée rayonne, d'où elle part et où elle revient toujours. Et c'est là l'absolu. Il ne faut donc pas appeler absolus ceux-là seulement d'entre les esprits dont l'horizon est étroit et le parti pris évident, ceux qui ne semblent pouvoir détacher leurs égards d'un idéal défini, où qu'ils placent d'ailleurs cet idéal, qu'ils le transportent dans le passé ou dans l'avenir, ou qu'ils l'immobilisent dans le présent. L'absolu n'est pas un monopole. Avoué ou secret, formulé ou non, le rêve du bonheur ou de l'âge d'or, terrestre ou céleste, individuel ou social, l'espérance infinie, traverse, au moins un moment, toutes les âmes, et peut-être ne les quitte jamais entièrement. Mais il s'agit d'accorder ce rêve avec la réalité, de lui donner un corps, de le faire vivre.

C'est ici que les divergences éclatent entre les esprits. Il en est qui ne peuvent recevoir en quelque sorte de la vie qu'une empreinte ; cette empreinte formée, l'expérience ultérieure glisse sur eux, sans les atteindre ; elle les dépite, les indigne et les révolte ; elle ne peut les instruire. Il en est d'autres, au contraire, dont la plasticité est sans bornes ; ils sont à la merci de toutes les impressions, ils les subissent tour à tour, ils en sont transformés. Les premiers vivent dans le définitif, absorbés dans une idée ; les seconds, dans l'immédiat et l'instable, plongés dans les faits. Mais, qu'on se livre à la destinée avec confiance ou qu'on lutte obstinément contre elle, qu'on se réclame de la raison ou de l'expérience, qu'on juge les faits ou qu'on les accepte, on agit toujours suivant la logique de son esprit et de son caractère, on obéit toujours à des principes, à une conception systématique ou philosophique de la vie, ce que Pascal appelle « la pensée de derrière ». Qu'il le sache ou non, chacun a son absolu, son rêve ou sa chimère, ses exigences de bonheur.

Quelle est la meilleure façon de faire droit à ces exigences ? Est-ce de les réduire, de les abandonner, au besoin, de se faire humble et résigné devant la vie, de prendre ce qu'elle donne, et de ne vouloir rien de plus ? Est-ce de les maintenir intangibles, d'en ajourner, s'il le faut, mais d'en poursuivre toujours la réalisation ? Quelque parti qu'on prenne, on reste toujours d'ailleurs au point de vue de l'absolu, puisque l'absolu c'est, ou l'idéal tenu pour la réalité acceptable et vraie, la seule qui satisfasse notre nature et réponde à ses besoins, ou la réalité acceptée comme conforme à notre nature, jugée préférable à un idéal vain, et représentant ainsi, en fin de notre compte, notre idéal à nous.

Il faut toujours compter avec la vie, avec ses nécessités et ses lois ; c'est là ce qu'oublient les idéalistes intransigeants et farouches. Mais il faut aussi toujours compter avec soi-même, avec son tempérament ; il faut se rendre compte de ce qu'on est et de ce qu'on n'est pas en état d'accepter, de supporter de la vie ; c'est là ce qu'oublient les esprits accommodants et souples. Quels sont donc les sages, ou, si l'on préfère, les caractères heureux ?

Ce ne sont pas ceux qui ont, qui sont censés avoir, l'idéal le plus élevé, et qui retranchent le moins de cet idéal, mais ceux qui sont le plus sincères avec eux-mêmes et qui se connaissent le mieux, ceux qui ne présument pas trop de leurs forces et ne s'exagèrent pas non plus leur faiblesse, ceux qui ont assez de ressources en eux-mêmes pour accepter toutes les conditions de la vie et tirer de chacune le meilleur parti, assez de foi dans l'idéal et le meilleur pour n'en désespérer jamais, pour en préparer et assurer l'avènement, ceux qui joignent la notion du possible et du réel à celle de l'idéal, ceux qui savent se résigner à l'inévitable et subir le nécessaire, ceux qui ne conçoivent pas le bonheur comme une perpétuelle extase et un état de grâce continué, mais l'admettent sous la forme grave, mûrie et sérieuse, ceux qui le goûtent à tous ses degrés, ceux qui savent

l'attendre et qui savent en jouir, ceux qui dirigent et conduisent leur vie et restent néanmoins
toujours à l'école de la vie, ceux qui savent adap-
ter aux conditions changeantes du milieu social
et de l'évolution individuelle leur idéal et leur
conduite, ceux qui édifient en un mot l'absolu
sur les bases et avec les données du relatif. C'est
là ce qu'on peut appeler avoir exorcisé le fantôme
ou dissipé le mirage de l'absolu et en avoir dressé
à sa place la réalité.

TROISIÈME PARTIE

L'ABSOLU DANS UN SENTIMENT VRAI
LA PUDEUR

———

Nous avons cherché à établir, par le raisonnement et par les faits, ce qu'il y a de vain et de
chimérique, et ce qu'il y a de réel et de fondé,
dans la forme absolue des sentiments. Nous voudrions maintenant montrer, par l'exemple d'un
sentiment choisi entre tous, la pudeur, comme
naturellement ombrageux et farouche, et, de plus,
susceptible de devenir romanesque, subtil, scrupuleux et outré, que l'absolu n'est pas nécessairement la forme naïve ou prétentieuse du rêve, qu'il
peut être aussi, et qu'il est la condition ou l'âme
même de tout sentiment sincère et vrai, se développant selon les lois naturelles de la société et
de la vie, soumis à la fois aux nécessités physiques

et aux convenances morales. Nous supposerons
la pudeur ramenée à sa fonction normale, aussi
exempte de préjugés superstitieux et de raffine-
ments que réelle et profonde, et nous nous conten-
terons de l'analyser et de la décrire ; nous lais-
serons les faits, pour ainsi dire, parler d'eux-
mêmes. Nous espérons faire voir qu'elle garde,
dans ces conditions, son caractère absolu, qu'elle
le manifeste même d'autant plus clairement et
d'autant plus sûrement qu'elle est plus naturelle
et plus simple. La notion de l'absolu se dégagera
ainsi de son emploi légitime et normal, et sera
ramenée à sa véritable valeur.

L'exemple de ceux qui ont abordé le problème
de la pudeur prouve qu'il est difficile d'en parler,
comme nous voudrions le faire, en psychologue,
sans prendre parti pour ou contre ce sentiment,
sans le dénoncer comme un préjugé ou le célé-
brer comme une vertu, en ne faisant que l'analyser, et renonçant à le juger, du point de vue et avec
les préoccupations ou arrière-pensées du mora-
liste, de l'éducateur ou du sociologue. Cependant,
quand même il s'agirait du procès de la pudeur,
ce procès demanderait avant tout à être informé
et instruit, et peut-être découvrirait-on alors qu'il
ne demande rien de plus. Le plus clair résultat de
certaines enquêtes, lorsqu'elles sont bien con-

duites et loyalement interprétées, est, en effet, de
ramener d'une façon inattendue au respect des
institutions et des faits contre lesquels on était
d'abord parti indiscrètement en guerre. Il y a lieu
de croire que la pudeur est dans ce cas, et qu'elle
n'a rien à craindre d'une lumière complète, si
celle-ci peut être faite.

La première question qui se pose au sujet de la
pudeur est celle de savoir si elle est innée ou
acquise. Il en faut bien voir le sens et la portée,
je devrais dire la tendance. Quand on demande
si la pudeur est naturelle ou apprise, on veut en
réalité savoir et on prétend décider si elle est
légitime et fondée, ou au contraire fausse et sans
valeur, pour qui se place au point de vue proprement humain, pour qui s'élève au-dessus des
préjugés et superstitions de l'état social, et s'affranchit, au moins en pensée, de la tyrannie de
la coutume et des mœurs. Sous couleur de débat-
tre un point de fait, on discute donc un point de
droit.

Là-dessus les opinions opposées, sous leur forme
extrême, sont d'ailleurs également insoutenables.
En effet, qui pourrait dire que la pudeur n'est
pas « aux trois quarts apprise » (1), étant donnée

---

(1) Stendhal, *Physiologie de l'amour*, ch. XXVI, De la
pudeur.

l'infinie variété de ses lois ; et, d'autre part, qui oserait conclure de ce qu'elle ne sait, pour ainsi dire, où se prendre et s'accroche à tout, qu'elle est fantaisie pure et n'a pas son principe dans la nature humaine ? Il faut distinguer en théorie, alors même qu'on ne pourrait les démêler en fait, un fonds inné de pudeur, élémentaire et simple, et un apport considérable d'idées et de sentiments factices, représentant l'exploitation ou la mise en valeur de ce fonds primitif par l'imagination, une pudeur de convention, ajoutée à la pudeur naturelle, végétation parasitaire, recouvrant la plante qui la porte, l'étouffant, lui prenant son suc, sa substance, en altérant et corrompant la nature.

Mais qu'est-ce que la pudeur ? Car le mot même veut être défini. Désigne-t-il un sentiment spécial, qui ne se rencontre qu'en l'amour, ou général, c'est-à-dire commun à toutes les affections : amitié, patriotisme, affections de famille, etc. ? La pudeur est-elle même, à proprement parler, un sentiment ? N'est-elle pas plutôt un mode ou une façon de sentir, à savoir la forme craintive de l'amour ou de toute autre affection, la retenue ou la réserve qu'on s'impose à soi-même afin de l'imposer aux autres, le contraire, en un mot, de l'abandon et de la confiance ? Selon nous, il n'y a pas de raison de l'attribuer en propre à l'amour, pas d'autre du moins que celle-ci : l'amour étant le sentiment le plus puissant, le plus riche en développements, le plus complexe, le plus nuancé, celui qui relève le plus de l'imagination, a été pris pour type de tous les autres ; la pudeur qui s'y rapporte est donc aussi et par là même la pudeur-type. La pudeur est, en outre, moins un sentiment qu'une forme particulière que tous les sentiments peuvent prendre, à savoir la forme farouche, aisément offensée, réservée et digne, craintive et fière.

Étudions cependant la pudeur amoureuse comme étant la plus saisissante, la plus significative.

Elle a été l'objet de bien des théories. La plus simple et la plus grossière est celle que j'appellerai la théorie *naturaliste*, qui réduit la pudeur au minimum, pour ne pas dire à néant, qui la définit la crainte de l'amour physique, de ses dangers et de ses risques, qui la rattache à l'instinct de conservation et de défense, et ne veut voir dans les complications ultérieures de ce sentiment qu'une bizarrerie de la mode, laquelle elle-même ne peut être expliquée, mais n'a pas à l'être. Cette théorie, qu'on pourrait aussi bien appeller sceptique, puisqu'elle tranche par la négation le problème à résoudre, invoque comme argument l'absence de pudeur, au sens commun du terme, chez l'universalité des enfants et la majorité des sauvages.

Mais, comme le remarque W. James (1), le premier exemple ne prouve rien, et le second, peu de chose : la pudeur, dérivant de l'instinct sexuel, ne peut se rencontrer chez les enfants, chez qui cet instinct n'est pas éveillé encore; et à supposer que les sauvages manquent totalement de pudeur, il faudrait savoir si, chez eux, ce sentiment fait défaut par nature ou par dégradation et abrutissement.

Admettons cependant que la pudeur n'est pas naturelle. Et il faut l'admettre, à ce qu'il semble, ou croire que la nature se contredit. En effet, elle a mis l'amour dans le cœur de l'homme; comment y aurait-elle mis aussi la pudeur, qui est la résistance à l'amour ? La pudeur est donc d'institution humaine.

Théorie radicale et simpliste, mais non pas simple ! Elle supprime une difficulté, mais en crée une autre. Si la pudeur est une convention ou un préjugé, comment s'est-elle établie, développée, continue-t-elle à se maintenir ? Il faut lui fournir au moins un prétexte. Les philosophes naturalistes font mieux : ils lui trouvent une raison. Mais, partant de cette idée que la pudeur est une illusion psychologique, ils ne se mettent pas en peine de l'expliquer, en quelque sorte, directe-

(1) *Psychology*, II, 435-437.

ment, ils ne croient pas devoir entrer dans cette illusion en vue de la comprendre ; tenant a priori la pudeur pour déraisonnable et injuste, ignorante d'elle-même et de ses fins, ils n'ont garde de consulter ceux qui en sont les dupes ou les victimes, de les appeler en témoignage ; ils se chargent eux-mêmes de trouver un sens à un sentiment qui n'en a pas, ils lui découvrent une raison transcendante et cachée, qui satisfait leur esprit, et ainsi doit être juste, encore qu'elle confonde les âmes simples, sans philosophie, en état d'éprouver la pudeur, mais non de la comprendre.

Ils font rentrer la pudeur dans les desseins et les ruses du Génie de l'espèce, dans le machiavélisme de la sélection. Avant Darwin, ils la rattachaient à l'instinct de conservation. Diderot la définit une prudence amoureuse instinctive. « L'homme, dit-il, ne veut être ni troublé ni distrait dans ses jouissances. Celles de l'amour sont suivies d'une faiblesse qui l'abandonnerait à la merci de son ennemi. Voilà ce qu'il peut y avoir de naturel dans la pudeur ; le reste est d'institution » (1). Stendhal est plus romanesque et plus subtil encore. « On a observé, dit-il, que les oiseaux de proie se cachent pour boire ; c'est qu'obligés de plonger la tête dans l'eau, ils sont sans défense

(1) Supplément au *Voyage de Bougainville*.

en ce moment. Après avoir observé ce qui se passe
à Otaïti, je ne vois pas d'autre base naturelle à la
pudeur » (1).

L'explication, dira-t-on, est à coup sûr forcée,
mais elle ne peut manquer de l'être ; car c'est de
la pudeur de l'homme ici qu'il s'agit, et l'homme
court peu de risques en amour. Il n'en est pas de
même de la femme ; aussi est-ce chez elle que
la pudeur est naturelle et vraiment développée.
« Lorsque la femme a connu par l'expérience ou
l'éducation les suites plus ou moins cruelles d'un
moment doux, son cœur frissonne à l'approche de
l'homme. Le cœur de l'homme ne frissonne point ;
ses sens commandent, et il obéit. Les sens de la
femme s'expliquent, et elle craint de les écouter.
L'homme conserve toute son impulsion naturelle
vers la femme ; l'impulsion naturelle de la femme
vers l'homme, dirait un géomètre, est en raison
composée de la directe de la passion et de l'inverse
de la crainte » (2).

L'argument est spécieux, mais confrontons-le
avec les faits, et poussons-le jusqu'au bout.
D'abord la pudeur n'est pas un instinct averti, une
prudence acquise, mais une appréhension vague,
comme gratuite, sans objet défini ; le sentiment et

---

(1) *Loc. cit.*
(2) Diderot, Supplément au *Voyage de Bougainville*.

la crainte d'un mystère. Supposons-la cependant
éclairée sur les dangers de l'amour, distincte de
l'innocence et de la candeur, ne faudra-t-il pas
distinguer entre les dangers qu'elle redoute? Est-
ce qu'elle aurait, par exemple, rien de commun
avec les transes de Rousseau à la suite de son aven-
ture avec la Padoana (1), avec la crainte d'avarie,
pour employer un euphémisme à la mode ? Est-ce
qu'elle dériverait du même principe que les pratiques malthusiennes ?

Comme pour ne pas avoir à reconnaître à la
pudeur une fin si égoïste et si basse, on est allé
lui chercher une fin précisément inverse, d'un al-
truisme transcendant ; on a dit qu'elle était « une
condition de la sélection sexuelle. Si la femme se
donnait sans discernement à tous, l'espèce en
souffrirait. *Heureusement* (!) le désir rencontre
chez elle cet obstacle, la pudeur, et il ne peut la
vaincre qu'à la condition d'être attiré fortement
par quelque qualité notable dans l'objet désiré, qualité qui sera ensuite transmissible à l'espèce (2). »

La pudeur nous est donc présentée tantôt comme
une force cosmique, un principe conservateur, et
régénérateur de l'espèce, tantôt comme une forme

(1) Voir *Confessions*, partie II, livre VII.
(2) Guyau, *Irréligion de l'Avenir*, p. 254, 7e édit. (Paris,
F. Alcan).

DUGAS. — *L'Absolu.*   9

particulière, de l'instinct de conservation individuelle ; dans les deux cas, on part d'hypothèses
arbitraires qui ont un caractère commun, celui
d'assigner à la pudeur une fin cachée, étrangère à
l'amour.

Or, s'il est permis, et peut-être nécessaire, de
tenter une interprétation finaliste de la pudeur, il
est illégitime et superflu de lui supposer une fin
transcendante ou externe. Il paraît sage et pru-
dent de ne pas attribuer à la pudeur un objet qui la
dépasse et qu'elle-même ignore. C'est assez, pour
la définir, des fins qu'elle se donne ou se reconnaît.

En fait, elle est la crainte des suites immédiates,
prévisibles de l'amour, non de ses effets indirects,
éloignés et inconnus, ou mieux encore la crainte
de l'amour même, crainte qui n'exclut pas l'attrait,
mais au contraire le suppose, et, bien plus, le
laisse voir. C'est donc la méconnaître que la repré-
senter comme un sentiment distinct de l'amour,
et qui en puisse être séparé.

Ainsi elle ne consiste pas à se révolter contre les
fins de la nature, à renier les sentiments humains,
à fuir l'amour comme une souillure. Rien n'est
plus, je ne dis pas seulement étranger, mais directement contraire à la pudeur que le culte idolâtrique de la virginité, que la mystique horreur de
l'union sexuelle, conçue comme un péché, et dé-
signée sous des noms flétrissants et odieux : œuvre

de chair, fornication, etc. L'impudeur n'est pas
un caractère attaché à certains actes, à certaines
fonctions, elle réside dans l'imagination et les
sentiments; elle est un état d'âme. La spiritualité,
si par là on entend la chasteté ou continence, est
souvent impudique, tandis que l'amour parfois
s'épure à sa flamme même : tous les grands voluptueux sont chastes, a remarqué Flaubert. « La
vraie pureté, dit aussi Guyau, est celle de l'amour.
On peut dire que la chasteté véritable est dans le
cœur, qu'elle survit à celle du corps, qu'elle cesse
au contraire là où elle devient impuissance, res-
triction, obstacle au libre développement de l'être
entier : un eunuque ou un séminariste peut n'avoir
rien de chaste ; le sourire d'une fiancée à son amant
peut être infiniment plus virginal que celui d'une
nonne... Saint Jérôme, dans le désert, croyant,
comme il le raconte, voir danser nues, au clair de
lune, des courtisanes romaines, avait au fond le
cœur et le cerveau moins purs que Socrate ren-
dant sans façon visite à Théodota » (1).

Mais si la pudeur n'est pas une « mutilation
morale », si elle se rencontre, non en dehors de
l'amour, mais dans l'amour même, si elle ne consiste pas à le redouter et à le fuir, si elle ne va pas
à l'empêcher de naître et à l'anéantir, quel est donc

(1) Guyau, ouvr. cité, p. 256.

son objet? Au lieu d'être un obstacle à l'amour,elle
paraît être un frein naturel qui relient l'amour
dans les conditions de son développement normal.
Elle tend à en fortifier le germe,à en assurer l'éclosion. Elle ne contredit pas la fin de la nature, qui
est de perpétuer l'espèce ; elle sert au contraire
cette fin. Cela de deux manières : elle est une sauvegarde contre l'amour, et elle est un agrément
de plus, une grâce ajoutée à l'amour.

La pudeur met d'abord l'amant en garde contre
lui-même et les autres, elle le protège contre
l'amour qu'il ressent et celui qu'il inspire.

Elle a sa fonction et son rôle dans la lutte des
sexes. Elle protège l'être aimé contre la grossièreté des désirs et des convoitises de l'amant. « Chez
les espèces animales, dit Guyau, la femelle a toujours été quelque peu en danger auprès du mâle
généralement plus fort ; l'amour était, non seulement une crise, mais un risque ; il fallait donc
adoucir l'amoureux avant de se livrer à lui, le sé-
duire avant de le satisfaire » (1). De même dans la
race humaine à l'origine. « La pudeur était une
sorte d'amour expectant, nécessaire dans l'état de
guerre primitif, une épreuve, une période d'étude
mutuelle. Lucrèce a remarqué que les enfants
avaient contribué par leur faiblesse et leur fragi-

(1) *Loc. cit.*, p. 254.

lité à l'adoucissement des mœurs humaines ; la
même remarque s'applique aux femmes, à ce sentiment de leur fragilité qu'elles éprouvent à un si
haut degré dans la pudeur et qu'elles ont pu en
partie communiquer à l'homme. Les frissons et les
craintes de la femme ont fait la main de l'homme
moins dure ; sa pudeur s'est transformée chez lui
en un certain respect, en un désir moins brutal et
plus attendri ; elle a civilisé l'amour » (1).

Comme il y a deux sortes d'amour : celui qu'on
inspire, sans l'éprouver, et celui qu'on partage, il
y a aussi deux sortes de pudeur. Supposons une
femme luttant contre un amour qu'elle ne partage
pas : la lutte sera alors une révolte de tout l'être.
Dans la barbarie primitive, qui peut toujours
refleurir et dont nous avons de beaux restes, la
femme est une proie, un objet de convoitise brutale ; elle se défend, comme l'animal traqué, avec
la plus sauvage énergie, contre les pires violences.
Sa pudeur est faite de peur, de colère, de honte,
d'indignation et de dégoût. Dans la vie civilisée,
sans cesser complètement d'avoir à se défendre
contre la surprise et la violence, la femme se défend
contre la ruse, le marchandage, c'est-à-dire contre
la convoitise à la fois animale et intéressée ; si elle
est clairvoyante et fière, et si elle n'aime pas, si

(1) Guyau, ouvr. cité, p. 155.

elle n'est ni flattée ni attendrie par l'amour qu'elle inspire, sa défense sera vaillante, sûre d'elle-même, et partant victorieuse. Telle est la pudeur simple et, si j'ose dire, unilatérale.

Mais la pudeur qui se livre bataille dans un cœur aimant ou ouvert à l'amour est bien plus complexe. A vrai dire, la pudeur consiste beaucoup moins à rougir d'un amour dont on est l'objet qu'à rougir de l'amour qu'on éprouve ou qu'on est tenté d'éprouver. Ainsi c'est la pudeur de Monime qui souffre dans la scène (acte III, sc. v) où elle se laisse arracher par Mithridate l'aveu de son amour pour Xipharès; et c'est un autre sentiment, digne d'un autre nom, la fierté offensée, qui éclate dans la scène (acte IV) où elle refuse le pardon que Mithridate lui offre avec sa main.

La pudeur proprement dite est donc la lutte d'un cœur aimant contre l'amour. Mais pourquoi cette lutte? A quoi tend-elle? A détacher de l'amour un cœur épris ou tenté? Non, mais à transformer en lui cet amour, à l'éprouver et à le mûrir, à le rendre plus profond et plus grave, et par là même, aux yeux des autres, plus respectable et plus touchant.

Pour qu'un amour soit assuré de vivre et de durer, il faut que le temps lui soit laissé d'accomplir sa complexe évolution. Or, la pudeur a précisément pour objet d'en empêcher l'éclosion hâtive.

Au point de vue physique, « ce sentiment, qui se confond avec une conscience obscure de la sexualité, était, selon Guyau, nécessaire à la femme pour arriver, sans se donner, jusqu'au complet développment de son organisme » (1).

Au point de vue moral, la pudeur, dit Joubert, « assure à nos facultés le temps et la facilité de se déployer, hors d'atteinte et sans irrégularité », à l'abri des impressions brutales du dehors, dans un recueillement intime. « Elle tient nos cœurs en suspens et nos sens hors de tumulte, dans ses invisibles liens, incapable de nous contraindre dans notre développement, mais capable de nous défendre, en amortissant tous les chocs, et en opposant sa barrière à nos propres incursions lorsque trop d'agitation pourrait nous nuire ou nous détruire. Elle établit, entre nos sens et toutes leurs relations, une telle médiation et de tels intermédiaires que, par elle, il ne peut entrer, dans l'enceinte où l'âme réside, que des images ménagées, des émotions mesurées et des sentiments approuvés... Ce qu'est aux petits des oiseaux le blanc de l'œuf ; ce qu'est au pépin sa capsule ; ce qu'est à la fleur son calice, la pudeur l'est à nos vertus. Sans cet abri préservateur, elles ne pourraient pas éclore ; l'asile en serait violé, le germe mis à nu et

_____

(1) Ouvr. cité, p. 254.

la couvée perdue » (1). En même temps qu'elle
retarde ainsi jusqu'à l'époque favorable l'union
amoureuse, la pudeur apprivoise et épure les
désirs, et fait éclore l'amour proprement dit, cet
idéal de dévouement et de tendresse qui fleurit
autour d'un humble besoin des sens (2).

La pudeur a donc un côté positif. Elle n'est pas
purement restrictive ou modératrice ; elle est l'incubation de l'amour. En la considérant sous cet
aspect, nous trouvons encore qu'elle est intimement liée à la « coquetterie, cet art des fuites pro-

(1) *OEuvres*, t. II, titre VI.

(2) Sur l'épanouissement tardif de l'amour, sur sa lente
et graduelle transformation en dévouement et tendresse,
je citerai une belle page de Michelet (l'*Amour*, p. 347).

« Les meilleurs, hommes et femmes, naissent avec
une première sève, verte et âpre, si je puis dire, ou
bien quelque chose de sec et d'aride encore. Les enfants,
par ignorance ou autrement, sont cruels. Les jeunes
gens, s'ils ne le sont pas, sont du moins beaucoup plus
froids de cœur qu'ils ne le croient eux-mêmes. Tout désir leur semble amour. La chaleur du sang, du tempérament, ils appellent cela tendresse. Mais, à chaque
instant, des mouvements brusques, saccadés, violents,
des paroles légères, ironiques, telle expression de
visage vaniteuse ou méprisante font tort à la grâce et
disent : Le cœur n'est pas tendre encore.

« Il faut du temps, des épreuves, des douleurs bien
supportées et avec une grande douceur ; il faut l'amour,
l'amour fidèle pour donner la grâce du cœur ; et, disons-
le, ce qui en est la traduction très exacte, la grâce de
parole et d'allure, de geste et de mouvement. »

visoires et des refus qui attirent » (Guyau). Aussi ceux qui la condamnent en elle-même sont-ils souvent disposés à lui faire grâce en raison de l'action qu'elle exerce. Stendhal l'appelle « la mère de l'amour ». Elle « prête, dit-il, à l'amour le secours de l'imagination. C'est lui donner la vie » (1). Sans la pudeur, l'amour est un désir bestial aussitôt satisfait, un simple réflexe. La pudeur est l'amour devenu cérébral, ayant honte et effroi de lui-même, qui tend par suite à se transformer, et s'efforce de plaire, de se faire agréer.

Est-ce à dire que la pudeur se ramène entièrement à la coquetterie, ou ne vaut qu'en tant qu'elle s'y ramène ? On l'a prétendu, ou au moins insinué. Stendhal la considère comme un simple piment de l'amour. Elle « donne, dit-il, des plaisirs bien flatteurs à l'amant ; elle lui fait sentir quelles lois on transgresse pour lui, et aux femmes des plaisirs plus enivrants ; comme ils font vaincre une habitude puissante, ils jettent plus de trouble dans l'âme (2). » Cela rappelle l'étrange théorie, dite satanique, d'après laquelle la notion du péché serait nécessaire pour donner à l'amour toute sa saveur. Mais, dans ce cas, la thèse voudrait que la coquetterie n'eût que des avantages. Or, Stendhal lui-même

(1) *Loc. cit.*
(2) *Ibid.*

le remarque, « l'excès de la pudeur et sa sévérité
découragent d'aimer les âmes tendres et timides,
justement celles qui sont faites pour donner et sentir les délices de l'amour » (1). Ainsi, même si elle
rentrait tout entière dans la coquetterie, la pudeur
serait d'une utilité contestable : elle ne se justifie-
rait pas toujours par ses conséquences.

Du moins, se justifierait-elle en elle-même ?
Pour le savoir, analysons de plus près les relations de la coquetterie et de la pudeur, ou plutôt
définissons cette coquetterie particulière qui est
censée constituer la pudeur. La pudeur est-elle
une rouerie ou diplomatie amoureuse, une feinte,
un détour habile pour se faire désirer ? Ce serait
un paradoxe de le soutenir. Que la pudeur soit un
charme, une grâce suprême, qu'elle touche et
fonde les cœurs, et ainsi produise naturellement
tous les effets que la coquetterie artificieuse
cherche en vain à obtenir, cela n'est pas douteux.
Mais son succès même vient de ce qu'elle n'est
pas, de ce qu'on ne peut pas la soupçonner d'être
un manège. Elle est une coquetterie, si l'on veut,
mais d'inspiration et de génie, cette coquetterie-là
rentrant dans le grand art qui s'ignore.

Plus simplement, la coquetterie proprement
dite n'est pas le principe de la pudeur ; mais

(1) *Loc. cit.*

elle en est l'effet paradoxal ou la conséquence. imprévue. En effet, la pudeur est un embarras, une gaucherie, mais il se trouve que cette « gaucherie tient à la grâce céleste » (Stendhal). On sait gré à la beauté triomphante de perdre ses avantages, l'aisance des manières, l'assurance du regard ; à l'esprit, de perdre son brillant, ses ressources, même ordinaires et communes. On est saisi d'une sorte de compassion et d'attendrissement pour un être ainsi désarmé. On éprouve à son égard autre chose encore que de la pitié : le sentiment que cette émotion, qui l'empêche d'être lui-même, ne le fait pas tomber au-dessous, mais l'élève plutôt au-dessus de lui-même, est solennel, grave et commande le respect.

Enfin, la gaucherie de la pudeur provoque une réaction : l'être qui rougit et se trouble ne veut pas laisser voir l'émotion qu'il éprouve ; il simule l'aisance, il se fait au besoin provoquant et hardi. C'est là proprement l'origine naturelle, le point de départ des manèges ou procédés artificiels de la coquetterie. Loin d'avoir inventé la pudeur, la coquetterie serait donc une invention de la pudeur, un de ses effets détournés.

A vrai dire, la pudeur et la coquetterie restent, au moins en partie, distinctes ; ni la pudeur ne rentre tout entière dans la coquetterie, ni la coquetterie dans la pudeur. La coquetterie en particulier est tout un art, et ne se réduit pas à un seul artifice, celui de donner le change, par des agaceries légères, sur un trouble profond. Ainsi la coquetterie des animaux même est déjà fort compliquée. « Dans leurs amours je vois, dit Rousseau, des caprices, des choix, des refus concertés, qui tiennent de bien près à la maxime d'irriter la passion par les obstacles. A l'instant même où j'écris ceci, deux jeunes pigeons, dans l'heureux temps de leurs premières amours, m'offrent un tableau bien différent de la sotte brutalité que leur prêtent nos prétendus sages. La blanche colombe va suivant pas à pas son bien-aimé, et prend chasse elle-même aussitôt qu'il se retourne. Reste-t-il dans l'inaction ? De légers coups de becs le réveillent ; s'il se retire, on le poursuit ; s'il se défend, un petit vol de six pas l'attire encore ; l'innocence de la nature ménage les agaceries et la molle résistance avec un art qu'aurait à peine la plus habile coquette. Non, la folâtre Galathée ne ferait pas mieux, et Virgile eût pu tirer d'un colombier l'une de ses plus charmantes images » (1).

D'une façon générale, la coquetterie dérive à la fois de l'impulsion amoureuse et de la pudeur ; de là sa nature complexe et contradictoire, ses mouvements d'attaque et de défense, de retraite

(1) *Lettre à d'Alembert.*

et d'avance, ses déconcertants manèges, ses ruses qui n'en sont pas ; toutefois elle dérive plus particulièrement, pour ne pas dire uniquement, de la pudeur, si celle-ci est définie, comme elle doit l'être, un amour qui se défend contre lui-même, qui ne suit pas sa pente naturelle, qui n'est pas un mouvement en ligne droite, *motus primo primus* (Leibnitz), mais qui se détourne de sa voie pour la mieux suivre, par une instinctive entente de ses intérêts, et, si, j'ose dire, de la dignité de sa fonction.

Ainsi, en résumé, la pudeur se présente sous des formes multiples, bien particulières et déconcertantes. Elle nous échappe en raison de la diversité de ses éléments, de ses causes et de la diversité de ses effets. Aussi aisément on renonce à la comprendre. On déclare qu'elle ne se comprend pas elle-même, qu'elle se dérobe à la conscience, que telle est sa nature, et qu'elle se détruirait en s'analysant ; on ajoute que, si elle cherche à lever le voile qui l'enveloppe, elle prend le change sur les motifs qui l'inspirent, la justifient et la fondent. L'expliquer serait donc la rectifier, substituer aux raisons vulgaires qu'on en donne, aux prétextes dont elle se couvre, des raisons valables ou plausibles, suggérées par les sciences naturelles, tirées des lois de la sélection sexuelle, de l'instinct de conservation et de la défense individuelles, etc.

En réalité, il n'est pas prouvé, selon nous, que la pudeur soit, en elle-même, et pour ceux qui l'éprouvent, un mystère impénétrable. Quand il le serait, il n'est pas vrai que la mission providentielle, civilisatrice ou préservatrice de l'espèce, en tous cas transcendante, qu'on assigne à la pudeur, éclaire la pudeur elle-même. Toute théorie extra-psychologique passe à côté de la question, outre qu'elle constitue une pure hypothèse, une vue métaphysique, présentée à tort comme scientifique. Si la pudeur relevait des lois de la sociologie et de la biologie, et n'avait pas d'autre appui, elle serait, on peut croire, bien mal gardée. Il faut qu'elle soit plus et mieux qu'une illusion de l'individu, favorable à l'espèce, ou que cette illusion, si elle existe, ait un fondement psychologique réel. On ruine aussi bien la pudeur quand on lui assigne une fin métaphysique, sans plus, que quand on la présente psychologiquement comme une coquetterie ou un mensonge. Dans les deux cas, on perce à jour un prétendu mystère, et on rencontre le néant. On crève une outre vide.

En somme, il s'agit de prendre au sérieux la pudeur, et de croire qu'elle existe, comme réalité psychologique, et non comme simple grimace, comme sentiment ayant une valeur réelle aux yeux de celui qui l'éprouve, fût-il sans préjugés ou philosophe, et non comme simple ensorcellement du Génie de l'espèce, ou de telle autre divinité naturaliste. En d'autres termes, la pudeur ne s'explique et ne peut s'expliquer que du point de vue de la conscience. Cela ne veut pas dire d'ailleurs qu'on en pénètre la nature à première vue et d'emblée. Il est permis, pour en rendre compte, de faire appel à des hypothèses, mais psychologiques ou contrôlables du point de vue de l'expérience interne. Si la pudeur, en effet, ne se comprend pas elle-même, elle ne laisse pas du moins de se connaître assez pour discerner, par une intuition juste, les théories qui s'accordent avec elle ou la contredisent.

Ainsi nous découvrons ou reconnaissons à la réflexion, c'est-à-dire par la raison appliquée aux données de la conscience, que la pudeur est au fond une crainte naturelle et justifiée de l'amour. L'amour en effet, fût-il même simplifié et réduit à l'appétit sexuel, est redoutable et tragique. Il l'est par l'inconnu qu'il enveloppe. Devant le mystère de l'amour l'homme lui-même est saisi d'effroi. Il a peur de « cet instinct profond qui s'éveille et parle en lui à un moment de son existence, après s'être tu jusqu'alors, qui entre brusquement en lutte avec toutes les autres forces de l'être, apporte la guerre en lui. L'adolescent, n'étant pas habitué à subir la domination de cet instinct, croit y sentir quelque chose de plus étranger et de plus mystérieux que dans tous les autres : c'est l'interrogation anxieuse de Chérubin » (1) ! Ce n'est pas là, au moins pour la femme, un sentiment romanesque. L'amour lui ouvre une perspective de souffrances réelles et certaines. L'union sexuelle est un acte décisif par lequel elle se livre à la destinée, elle engage et peut-être compromet sa vie, son bonheur, elle va au-devant d'un enfantement douloureux et affronte la trahison possible, le lâche abandon de son compagnon d'ivresse. La pudeur est l'instinct qui porte la femme, non à fuir l'amour, mais à le traiter comme une chose grave, à ne point se livrer à l'homme par caprice, mais à ne se donner à lui qu'en confiance, à l'éprouver, à s'éprouver elle-même, à s'assurer de la sincérité et de la profondeur de leur affection commune. L'amour est pour la femme une crise ; alors qu'elle en subit l'attrait, elle ne laisse pas, en s'y livrant, d'accomplir un acte de bravoure ; car il est un coup de dé dont sa vie tout entière, et prise en tous les sens, est l'enjeu. Il ne faut rien moins que l'absolue confiance, que l'invincible attrait d'un amour partagé pour justifier, pour rendre possible de sa part une si tragique démarche. La pudeur est le sentiment de la dignité de l'amour, des responsabilités qu'il entraîne et déve-

(1) Guyau, *loc. cit.*, p. 255.

loppe, des devoirs qu'il crée, des droits qu'il
confère. Le contraire de la pudeur est donc, non
la continence, mais, comme on dit si bien, la légèreté ; l'impudeur est l'amour non pris au sérieux,
ignorant de sa fin naturelle ou détourné de sa fin,
réduit au plaisir immédiat, à la bagatelle, jeu
d'enfant vicieux, de polisson ou de gamin.

C'est parce que la pudeur part d'un principe si
relevé, a une base si sérieuse qu'elle se montre
absolue, intransigeante et farouche. Elle contient
le plus impérieux des instincts. Elle est le plus
fort de tous les sentiments. Il n'y a que la douleur aiguë qui puisse la réduire, la vaincre, ou
plutôt la chasser pour un moment. La misère et
la maladie, dit Diderot, sont « deux grands exor-
cistes » qui conjurent et font évanouir « les vertus
conventionnelles. Dans la misère, l'homme est
sans remords, et dans la maladie la femme est
sans pudeur » (1). Les vertus que Diderot appelle
conventionnelles sont celles que tout le monde
appelle proprement humaines. Cela revient à dire
que l'homme ne perd l'honneur, et la femme la
pudeur, son honneur à elle, qu'en dernier lieu, et
réduits aux pires extrémités, qu'en perdant le
caractère d'êtres responsables ou de personnes,
et devenant l'un et l'autre un animal affolé par le

(1) *Loc. cit.*

DUGAS. — *L'Absolu.*   10

besoin ou la douleur. Après cela, « il faut s'attendre, comme dit Stendhal, à trouver incalcula-
ble la force des habitudes imposées aux hommes »
par la pudeur, ou même « sous prétexte de
pudeur ».

En même temps qu'elle est une façon de sentir
intraitable et farouche, la pudeur est un sentiment
délicat, subtil et raffiné. Réunissons ces caractères ; nous dirons qu'elle consiste à maintenir
dans une entière rigueur les conditions multiples
d'un idéal très élevé. Elle est l'exigence de l'absolu en amour. Mais il est impossible qu'en amour
tout se rencontre : l'attrait physique partagé, l'élan
commun des âmes, la beauté, le piquant, la grâce
et le charme. La pudeur, étant la délicatesse et le
sérieux en amour, s'alarmera si l'amour est à
quelque degré une déchéance, s'il reste au-dessous
des rêves ambitieux ou poétiques de l'imagination et du cœur ; si, par exemple, il n'est pas un
un acte de liberté entière et de confiance absolue,
s'il ne se présente pas comme un engagement
honorable et sûr, où le bonheur et la dignité de
chacun soient portés par le sentiment au-dessus
de toute atteinte, s'il est en quelque mesure gra-
tuit, s'il s'appelle une faveur, au lieu d'être un
échange où l'on reçoit autant qu'on donne, une
lutte de désintéressement et d'amour, car « livrer
le plus profond et le plus mystérieux de son âme

à un moindre prix que la réciprocité, dit Amiel,
c'est la profanation » (1). L'amour pudique est une
haute espérance, il n'attend rien moins qu'un miracle, à savoir les nobles égards, le respect et
la sécurité dans la passion. Comment s'opérera
ce miracle ? C'est à cette interrogation anxieuse
que répond d'abord le trouble de la pudeur. Cependant, tant l'amour est plein de lui-même, tout
élan et toute foi, la pudeur provient plus encore,
pour ne pas dire uniquement, de la difficulté de
savoir quand, en fait, ce miracle s'accomplit.

Le grand tourment de l'amour est, en effet, le
sentiment de l'incommunicabilité des âmes. Quand
on aime, on doute d'abord si l'on sera aimé, et on
craint d'éclaircir ce doute. Puis, quand on aime,
qu'on l'a osé dire, et qu'on a acquis la certitude
d'être aimé, sait-on comment on l'est, par quel
motif, à quel degré, de quelle manière ? N'a-t-on
pas toujours, en amour, quelque sujet de craindre et de trembler, dans le présent et pour l'avenir ? A la crainte de se méprendre, de caresser
une illusion trop chère, s'ajoute celle de ne pas
rencontrer ou saisir le moment, de ne pas trouver
la manière de traduire et de faire éclater son
amour. « Il n'y a rien de si embarrassant que
d'être amant », dit Pascal. « On n'ose avancer,

(1) *Journal intime*, t. I, p. 72.

parce qu'on craint de tout perdre ; il faut pourtant avancer, mais qui peut dire jusqu'où ? On tremble toujours jusqu'à ce que l'on ait trouvé ce point. » Comment faire pour que « le respect et l'amour » soient « si bien proportionnés qu'ils se soutiennent sans que le respect étouffe l'amour (1) » ? Comment triompher de l'impénétrabilité des âmes, de l'impuissance du langage ? Un amour tendre et fier ne sera-t-il pas dès lors toujours quelque peu ombrageux et inquiet ? Ne s'alarmera-t-il pas, même à tort ?

D'autant que toute âme bien née apporte dans les choses graves de l'amour un besoin de sincérité et de loyauté ; elle craint de se tromper, elle se défie de ses rêves, de ses espérances, elle se met en garde contre son imagination et son cœur ; et elle craint de tromper, j'entends de faire naître ou d'entretenir les illusions qui se développent autour d'un sentiment vrai ; elle se défend, en un mot, contre la séduction qu'elle exerce et contre celle qu'elle subit.

D'autre part, elle ne veut pas être méconnue ; elle est et se sent grandie par le sentiment qu'elle éprouve, et elle prétend être jugée d'après ce sentiment. Sa conduite sort des règles ordinaires, et elle entend bien ne pas relever de la vulgarité

_____

(1) *Discours sur les passions de l'amour.*

du jugement commun. Comment concilier ces
sentiments contraires ? Cela semble impossible.
De là le trouble de la pudeur.

Analysons ce trouble. Considérée en elle-même,
la pudeur est une émotion, suivie d'une réaction ;
elle renferme deux éléments : un sentiment d'an-
goisse, et une lutte contre ce sentiment, lutte
souvent maladroite, qui prolonge ce sentiment et
l'aggrave, mais parfois heureuse, qui aboutit à
rendre à l'amour la confiance. Considérée quant à
son objet, la pudeur est la crainte d'une méprise
en amour, et, en la décomposant, la crainte de
n'être pas aimé comme on voudrait, de ne pas
aimer comme il convient, et de ne pas trouver
l'expression juste de ses sentiments.

La crainte de n'être pas aimé comme on sou-
haiterait, ou comme on se flatte de l'être, se fonde
sur ce que, absolument parlant, les amants igno-
rent tout d'eux-mêmes : leurs sensations, leurs
sentiments. De là le doute qui précède l'amour ;

Ah ! si mon cœur allait, trop facile à s'éprendre,
A l'entour d'un mensonge épanouir ses fleurs !

(Mme ACKERMANN.)

De là le doute qui subsiste en dépit des « preuves d'amour » données. « Tu es pour moi une
inconnue, dit un amant à sa maîtresse dans un
roman d'Annunzio (*Triomphe de la Mort*). Tu

renfermes intérieurement un monde qui me reste
impénétrable et dont nulle ardeur de passion ne
pourra m'ouvrir l'accès... La parole est un signe
imparfait. L'âme est incommunicable. Même dans
l'extase des ivresses, nous sommes deux, toujours
deux, séparés, étrangers, solitaires de cœur. »
Le même amant ajoute : « La vraie et profonde
communion sensuelle est aussi une chimère. Les
sens de ma maîtresse sont obscurs autant que son
âme. Jamais je ne réussirai à surprendre dans ses
fibres un secret dégoût, un appétit mal satisfait,
une irritation non apaisée. » Ce sont là des raisons de défiance et de doute en quelque sorte
générales. Mais il n'existe en amour que des situations singulières, d'autant plus troublantes. Comment savoir ce qu'on peut espérer et craindre en
un cas si grave, et en même temps si personnel ?
Les maximes de la prudence humaine sont ici en
défaut : c'est affaire d'intuition et de flair.

À la crainte de n'être pas aimé comme il convient s'ajoute la crainte plus délicate et plus vraiment pudique de ne pas savoir aimer. On ignore
en effet ses sentiments et leur valeur. On ignore,
avant de l'avoir éprouvée, la profondeur de son
amour, on ne connaît pas d'emblée les ressources
de son cœur. De là vient que la pudeur est liée
à la virginité d'âme et paraît propre au premier
amour. Ne parlons pas de la crainte déjà pour-

tant si vive de déplaire, ne considérons que la
crainte d'être au-dessous de l'amour vrai. Cette
crainte est celle de prendre pour l'amour un
attendrissement passager, une crise d'âme et de
nerfs, un fol élan, qui porte à côté et à faux. Une
enfant, assise un soir d'hiver à table, auprès d'un
bon feu, éclate tout d'un coup en sanglots ; on
l'interroge, on s'inquiète, on veut la consoler ;
elle répond qu'elle n'a aucun mal, aucune peine,
et prie qu'on la laisse. Remise de son émotion,
mais encore toute confuse, elle avoua plus tard à
sa mère que ce qui l'avait fait pleurer, c'était la
pensée des pauvres, qui, à cette heure-là même,
avaient froid et faim. Voilà la pudeur. On a honte
d'un bon sentiment, qu'on sent vaguement puéril
et vain, non en situation, au-dessous de ce qu'il
devrait être, inefficace. Ceux qui n'ont pas cette
honte-là, qui s'attendrissent, se pâment, s'exal-
tent, si j'ose dire, à cœur joie, se grisent de leurs
émotions, s'en drapent, s'en parent, s'en enchan-
tent eux-mêmes, ou encore les exhalent, les célè-
brent et les chantent, ceux-là, si momentané-
ment sincères et éloquents qu'ils soient, sont
légers, étourdis dans le fond, manquent de bon
goût, de sérieux, en un mot, de pudeur, témoin
Michelet, et tous les déclamateurs en prose et en
vers, poètes élégiaques et lyriques.

La pudeur est enfin la crainte non seulement de

n'être pas aimé et de ne pas aimer comme il convient, mais encore de ne pas savoir dignement
exprimer son amour. Plus un sentiment est, d'une
part, complexe et nuancé, de l'autre, sincère et
profond, plus il fait douloureusement sentir l'ina-
nité ou la trahison des paroles, plus il répugne à
s'exprimer. Ce ne sont pas seulement nos secrets
douloureux que nous voulons garder, tares physiques et morales, laideurs, vices et défaillances,
ce sont encore nos sentiments les meilleurs et les
plus chers que nous nous refusons à livrer, par
crainte de les profaner et de les trahir. « La pudeur,
dit Amiel, est toujours l'indice et la sauvegarde d'un
mystère. » Son « principe est le sentiment incons-
cient d'un secret de la nature et de l'âme, trop
intimement individuel pour être donné et livré ».
Or, « dans toute société, il y a un mystère, un certain nœud invisible auquel il ne faut pas toucher...
Il est même sage de ne pas effleurer ces points par
la parole. Effleurer, c'est à demi déflorer » (1).
Marie Bashkirtseff, dans son *Journal*, a bien rendu
ce sentiment. « J'ai des pudeurs, dit-elle, qu'on ne
s'expliquera peut-être pas. Je ne voudrais pas
qu'on me vît admirant quelque chose, j'ai honte
d'être surprise manifestant une impression sincère. Il me semble qu'on ne peut sérieusement

(1) *Journal intime*, t. II, 221.

parler de quelque chose qui vous a remué qu'avec quelqu'un avec qui on est en parfaite communion d'idées... Recevoir une impression profonde, et la dire sérieusement, simplement, comme on l'a sentie, je ne me figure pas que je le pourrais à d'autres qu'à quelqu'un que j'aimerais complètement... Et si je le pouvais à un indifférent, cela créerait immédiatement un lien invisible, et qui gênerait fort après : on semble avoir commis une mauvaise action ensemble. » Aussi ce que nous avons le plus à cœur est souvent ce que nous avouons le moins. Il est des êtres et des choses auxquels nous pensons toujours, sans en parler jamais. Nous ne voulons pas laisser nos sentiments, nos pensées intimes se dissiper, s'évaporer en paroles. Nous voulons moins encore les forcer ou les affaiblir, les dénaturer en quelque manière, les banaliser, les faire méconnaître. Nous consentons plutôt à n'être pas connus ; nous évitons de nous expliquer, ou nous ne nous expliquons qu'à demi. Nous faisons des ouvertures, des avances discrètes, nous procédons par allusions, nous tâtons notre monde. Nous dépistons la curiosité déplacée par des diversions enjouées, des boutades, des railleries. C'est ainsi que l'ironie n'aurait été, chez Renan, que le masque de la pudeur (1). En résumé, la pudeur est le sen-

(1) Ad. Brisson, article du *Temps*.

timent de l'ineffable, la crainte de ne savoir pas se faire entendre là où l'on a le plus à cœur de se montrer sincère et où l'on veut être sûr d'être pleinement compris.

Si la parole effarouche à ce point la pudeur, que dire du langage d'action, bien autrement imparfait, par là même bien plus sujet à contresens, à méprises, bien plus compromettant ? « Pour une femme timide et tendre, dit Stendhal, rien ne doit être au-dessus du supplice de s'être permis en présence d'un homme quelque chose dont elle croit devoir rougir... Une légère liberté prise du côté tendre par l'homme qu'on aime donne (sans doute) un moment de plaisir vif » ; mais « s'il a l'air de la blâmer ou seulement de n'en pas jouir avec *transpiration* (sic), elle doit laisser dans l'âme un doute affreux, un remords cuisant ou un sentiment de honte » de nature à « rendre même l'amant moins cher ».

Que dire enfin des privautés de l'amour ? Que n'y risque-t-on pas ? Les suites en peuvent être la désillusion, le dégoût, le malaise d'une déchéance physique, brutalité ou froideur senties, d'un désenchantement esthétique, d'une méprise sentimentale, entrevue ou devinée. Pour n'avoir pas de pudeur, j'entends pour ne pas redouter les épreuves de l'amour, il faudrait être sûr de soi, de sa grâce, de ses émotions physiques, de ses senti-

ments, et encore de l'effet de tout cela sur les nerfs,
l'imagination et le cœur d'un autre. Supposons la
pudeur réduite au malaise esthétique, à la crainte,
chez la femme, de déplaire ou de ne pas paraître
assez belle. Comment, ainsi définie, la pudeur ne
serait-elle pas toujours éveillée et inquiète? Quelle
femme pourrait répéter sans risque le geste tran-
quille de Phryné ? Et dans ce geste même combien
n'entrait pas, qui sait? de professionnelle insolence!

Nous venons d'indiquer sommairement et en
gros les raisons qui expliquent, j'allais dire qui
justifient, et au delà, l'émotion si complexe et si
troublante de la pudeur.

Cette émotion pourra-t-elle être surmontée, et,
si elle l'est, quelles en seront les conséquences, les
suites naturelles ?

Envisageons tous les cas possibles. Ou la pudeur triomphe de l'amour, ou l'amour de la pudeur,
ou la pudeur et l'amour s'unissent, se prêtent
secours et appui. Les deux premiers cas se rap-
prochent d'une façon inattendue et étrange. La
pudeur dans l'amour, étant conçue comme un idéal
inaccessible, ou, pour la maintenir, on s'éloigne
de l'amour avec horreur et dégoût, ou, pour s'y
soustraire, on s'applique à la considérer comme une
gêne insupportable, contre nature, on s'excite à la
mépriser. Dans les deux cas, on s'enferme dans un
parti pris violent.

La pudeur allant au mépris de l'amour, « au mépris du corps, au dégoût de ses fonctions, à la haine de la vie », c'est l'ascétisme. Or l'ascétisme est voisin de l'impudeur, et naturellement y conduit. Ses adeptes en effet « n'ont plus rien à cacher, parce que leur plan est de montrer à l'humanité ses misères et de lui en faire honte, sans s'épargner eux-mêmes dans l'accusation générale qu'ils intentent contre la nature » (1). On sait la grossièreté des Cyniques, qui furent théoriquement des ascètes, des esprits idéalistes et absolus, les ancêtres des Stoïciens.

Est-ce au contraire la pudeur que l'on prend en haine comme hostile à l'amour, contraire à la nature ? C'est alors l'amour même qu'on avilit, qu'on compromet et qu'on ruine. Rien de plus répugnant, de plus mortel à l'amour que la sensualité grossière.

Reste donc que l'amour se développe en dépit de la pudeur, ou que la pudeur subsiste dans l'amour. Mais cela est-il possible ? Oui, sans doute, et même aisé. L'art d'aimer consiste seulement à renoncer à un absolu chimérique et à rentrer dans le vrai des sentiments. Il tient tout entier dans ces lignes de Pascal : « Les hommes ont pris plaisir à se former une idée de l'agréable si élevée

(1) Renouvier et Prat, *Nouvelle Monadologie.*

que personne n'y peut atteindre. Jugeons-en
mieux, et disons que ce n'est que le *naturel*, avec
une facilité et une vivacité d'esprit qui surpren-
nent » (1). Expliquons cela par un exemple. Une
lettre de Mlle de Lespinasse peut servir de com-
mentaire à la pensée de Pascal : « Dans une de
mes longues insomnies je suis venue à penser à
la C... de B... Je me suis demandé ce qui faisait
qu'avec beaucoup d'esprit, de grâces et d'agrément, elle faisait en général aussi peu d'effet et
surtout aussi peu d'impression. Je crois en avoir
trouvé la raison. N'allez pas être *bête*, et me dire
que je n'ai pas eu assez d'esprit pour expliquer
ma pensée. Écoutez-moi : ne convenez-vous pas
qu'il y a tout un vrai de convention ; il y a le vrai
de la peinture, le vrai du spectacle, le vrai du sentiment, le vrai de la conversation ; etc. Eh bien !
Mme de B... n'a le vrai de rien ; et cela explique
comment elle a passé sa vie sans toucher ni intéresser même les gens à qui elle a eu le plus d'envie
de plaire. Voulez-vous le revers de la médaille ?
Vous connaissez une personne qui a été toute sa
vie dénuée des agréments de la figure et des grâces
qui peuvent plaire, intéresser et toucher, et cependant cette personne a eu plus de succès et a été
mille fois plus aimée qu'elle ne pouvait le pré-

(1) *Discours sur les passions de l'amour.*

tendre. Savez-vous le mot de cela ? C'est qu'elle a
toujours eu le vrai de tout, et qu'elle y a joint d'être
vraie en tout. »

Mais quel rapport, dira-t-on, la pudeur a-t-elle
avec le naturel ou le vrai, ainsi définis ? Un rapport très étroit, car le naturel est, en amour, l'idéal
atteint, et la pudeur n'est que la crainte de rester
au-dessous de cet idéal. Le naturel est le signe et
l'épreuve de l'amour parfait. Il en est le signe, car
de ce que l'amour se montre naturel et vrai, on
peut conclure qu'il s'est purifié de ses imperfec-
tions ou défauts inavouables, de son alliage de
passions misérables et mesquines (vanité, amour-
propre), ou grossières (sensualité), ou chimériques
(fausse idéalité ou sentimentalité), qu'il a accompli
son évolution normale, qu'il est devenu fort, sain
et vigoureux. Il en est l'épreuve, car, pour pouvoir se montrer au naturel, et être vrai toujours,
sans défaillances, il faut qu'il ait toutes les qualités aimables, et qu'il les ait sans les chercher,
comme une seconde nature, à l'état constant. Ce
qu'on appelle le naturel est en effet acquis, est le
bienfait d'une évolution physique et morale, que
la pudeur a précisément pour objet de préserver.
La pudeur est le sentiment du vrai, c'est-à-dire du
sain, en amour ; elle est, pendant longtemps, ce
vrai entrevu, non atteint, vague et obscur encore,
toutefois assez clair et défini déjà pour que tout ce

qui s'en éloigne soit repoussé comme offensant et pénible. Ce vrai apparaît d'abord comme un idéal lointain, voire inaccessible ; à mesure qu'il se rapproche, il s'humanise, s'individualise et sort du rêve ; et il ne cesse pas d'être aimé comme un idéal alors qu'il est possédé comme une réalité.

A première vue, il est paradoxal sans doute de définir la pudeur une aspiration au vrai de l'amour : elle semble au contraire un sentiment tout factice. Mais d'abord, pour simplifier le problème, nous supposons ici la pudeur réduite à sa fonction normale, dégagée de ses superstitions, de son bariolage étrange de coutumes et de préjugés ; nous avons en vue la pudeur vraie, celle des natures saines et simples, aussi éloignée de la pudibonderie que de l'impudeur. En second lieu, ce que nous appelons le naturel ou le vrai de l'amour, c'est la rencontre singulière et unique de deux formes d'imagination, regardées à tort comme incompatibles : les aspirations idéales et le sens, le goût des réalités de la vie. Ainsi définie, la pudeur ne répudie pas seulement cette froide et dissolvante critique, qui dépouille l'amour de toute poésie, et prépare les voies à un réalisme brutal ; elle exclut aussi cette imagination détachée et légère qui plane au-dessus de l'amour, cet idéalisme des sentiments héroïques ou de la galanterie aimable, qui s'attache à l'amour comme à un rêve, en entretient

la poétique illusion, et passe, sans le voir, à côté
de l'amour réel et vivant, en méconnaît le prix, la
dignité et le sérieux. La pudeur vraie implique
l'amour, mais l'amour qui s'adresse, non à des
héros de roman imaginaires et vains, mais à des
êtres vivants, ayant pied sur terre, l'amour qui a
assez de tempérament pour s'engager dans la vie,
s'y plaire, et la préférer aux sublimités, ou aux
fadeurs du romanesque, de l'idéal, défini ce qui ne
peut pas être. D'autre part, la pudeur est le respect de l'amour ; si elle ne s'offusque pas de ses
nécessités physiques, si elle en accepte les conditions ou les lois physiologiques et psychologiques,
elle consiste néanmoins à maintenir l'idéal particulier de convenances morales, en dehors des-
quelles, pour chacun de nous, l'amour ne peut
être goûté. Elle est, dans le cas particulier d'un
amour réellement senti, non vaguement imaginé,
l'exigence d'un idéal de dignité, conçu comme la
condition même de cet amour. Séparons la pudeur
de l'amour, voire d'un amour déterminé, qui ne
flotte pas en l'air, mais cristallise autour d'une
personne réelle, sa réalité psychologique, son
caractère poignant et tragique, disparaît.

Si nous pouvons nous tromper sur ce point,
méconnaître la nature concrète de la pudeur, c'est
qu'elle a son principe dans l'imagination, et que
l'imagination va du rêve à la réalité, de l'absolu

chimérique à l'idéal accessible ou au vrai humain.
La pudeur, son évolution accomplie, semble s'être
évanouie; elle a en réalité trouvé la forme de ses
aspirations et de ses rêves; elle est sortie de l'in-
certitude et des appréhensions, grossies par l'imagination, de l'amour entrevu; elle est entrée dans
l'amour vrai; elle a traversé une crise, elle est
devenue un état durable et profond.

L'évolution de la pudeur est un cas particulier
qui peut être pris pour type de l'évolution de tous
nos sentiments. A l'origine, l'amour apparaît
comme un idéal dont on ne conçoit pas que toutes
les conditions réelles puissent jamais être réunies;
sur ces conditions l'imagination mal informée
enchérit encore; si pourtant les hauteurs de cet
idéal ne nous découragent pas de l'atteindre, et
si le goût de la vie persiste en nous, nous voyons
bientôt s'évanouir le fantôme de l'amour que notre
imagination avait formé, et se dresser à sa place
l'amour vrai, idéal, qui se réalise sans s'abaisser
et se détruire, et qui cesse, en se réalisant, d'être
vain. C'est là l'image de l'évolution de tous les
sentiments nobles et viables. Pour mieux dire,
tous les sentiments ont leur pudeur, j'entends la
conscience de leur nature essentielle et de leur
dignité ou valeur, et ce sentiment est le principe
qui en dirige l'évolution.

CONCLUSION

Nous avons étudié dans ce livre des échantil_
lons divers d'un même état d'esprit : l'entêtement,
le fanatisme et l'ascétisme. Il nous faut grouper
ces échantillons et définir le genre qui les ras-
semble.

Nous avons fait ce qu'on pourrait appeler le
procès de l'intransigeance ou de la raideur, de la
raideur dans les actes ou dans la volonté, de
la raideur dans les idées ou dans l'intelligence,
de la raideur dans les sentiments. Cette raideur est
la même, quelles que soient les facultés sur lesquelles elle s'exerce, j'entends qu'elle présente
les mêmes caractères, qu'elle est soumise aux
mêmes lois, qu'elle suit la même évolution. Aussi,
faisant abstraction de leur contenu, pourrait-on
donner aux faits considérés le même nom, un nom

tiré de la forme qu'ils revêtent, celui d'*absolutisme*, je suppose, ou encore, définissant le genre
par l'espèce, pourrait-on les désigner tous du nom
de l'un d'eux, celui de *fanatisme*, par exemple,
l'entêtement étant le fanatisme du vouloir, l'ascétisme, celui des sentiments, et le fanatisme sans
épithète, ou proprement dit, celui des idées (1).

L'unité générique de l'entêtement, du fanatisme
et de l'ascétisme ressort en premier lieu de ce fait
qu'ils ont une origine commune, qu'ils se rattachent en un sens à la naïveté et à la candeur.
L'entêtement est une volonté enfantine qui n'a
pas eu le temps de se former, de fixer son choix,
qui s'essaie et s'éprouve, voudrait s'affirmer, mais
qui reste maladroite, s'exaspère ou se bute. Le
fanatisme est une juvénile audace d'affirmation,
une verdeur et une âpreté de jugement, un manque
de justesse, de mesure et de pondération dans les
idées, qui accusent l'irréflexion et l'inexpérience.
L'ascétisme, enfin, est le zèle naïvement indiscret
du sentiment moral, la bonne volonté, jeune et
ardente, mais peu éclairée, qui s'emploie à combattre et à gouverner les passions, mais qui dé-

---

(1) On dirait, d'ailleurs, aussi bien l'*entêtement* pour désigner le fanatisme et l'ascétisme, le fanatisme étant l'entêtement des idées, et l'ascétisme, l'entêtement dans une
attitude morale. Tous ces mots, en effet, ont, ou peuvent
prendre, deux sens : un sens large et un sens étroit.

passe et manque le but, par ignorance des moyens.

On s'explique dès lors que l'absolutisme, sous ses formes diverses, ne soit pas toujours sévèrement jugé ; il fait l'effet d'un péché de jeunesse : il n'arrive pas, en dépit de ses violences, à se rendre odieux. En outre, l'entêté, le fanatique, aussi bien que l'ascète, ont un idéal ; si déraisonnable et fâcheux qu'il soit, cet idéal les grandit, leur est comme une auréole et un porte-respect. On aime que les hommes aient le sentiment de leur valeur et de leur dignité, de la dignité de leur pensée, de leur vouloir ; que ce sentiment soit mal placé, s'égare, on peut le tolérer et le comprendre ; on n'admettrait pas aussi bien qu'il vînt à manquer. On vomit les tièdes, mais on pardonne aux violents. Le fanatisme et ses espèces bénéficient donc de circonstances atténuantes.

On peut dire qu'il ne commence à choquer et à déplaire que lorsqu'il se prolonge. Il paraît alors une candeur qui abuse. Il devient suspect. L'excuse de la jeunesse disparaît ; le procès de l'âge mûr commence.

Ainsi l'entêtement est respectable dans son principe. Il est la volonté qui se réserve, se recueille, s'interdit les décisions légères, les engagements qu'elle pourrait avoir à regretter et à désavouer. De même le fanatisme est, au premier moment,

l'esprit prenant feu et flamme pour une idée, se
livrant à la joie de la découvrir ou de la reconnaître, l'explorant, en déroulant les conséquences,
la suivant jusqu'au bout. L'ascétisme, enfin, est
une lutte inégale et héroïque contre les passions,
lutte primitivement noble et généreuse.

Mais l'entêtement ne persiste pas dans sa forme
première: il devient infidèle à lui-même, il s'abandonne et se trahit. Il voulait être un caractère qui
se respecte; en fait, il apparaît comme un caractère faible, qui ne sait pas se constituer, accomplir son évolution normale, et qui se complaît en
son impuissance, en tire vanité ou la déguise sous
une attitude de défi et de bravade. Il n'y a, pour
l'entêtement ainsi défini, que deux issues possibles : la bouderie ou l'éclat, l'humeur renfrognée
qui, en toute occasion, refuse de prendre parti,
qui ne trouve jamais de circonstances favorables
auxquelles elle condescende à se plier, et l'humeur violente, qui agit à l'encontre des circonstances, provoque les résistances, multiplie les
obstacles et paraît prendre plaisir à venir s'y briser. Faiblesse ou bravade, ou l'un et l'autre à la
fois, tel est le cercle dans lequel l'entêtement
s'enferme. A la fin, l'amour-propre, exaspéré et
aigri, soutient seul un tel rôle, ou empêche d'en
sortir. On est parti d'un idéal trop haut, on n'a
pu le réaliser, on n'en veut pas convenir et on

prend une attitude belliqueuse et provocante pour cacher son dépit.

Le fanatisme subit une déchéance analogue. Il est primitivement la séduction qu'une idée exerce sur l'esprit. Que cette idée sorte de l'ombre favorable du rêve, qu'elle se projette à la lumière crue de l'expérience, elle perd aussitôt de son éclat, de son prestige. Or, c'est à quoi ne peut consentir un esprit qu'elle a trop charmé. C'est proprement alors que le fanatisme apparaît. Il se manifeste de deux manières opposées et extrêmes : ou bien on ferme les yeux sur les objections qui se lèvent et se dressent de toutes parts, on ne les juge pas fondées, on ne les croit pas réelles ; on conteste leur signification, leur portée ; on leur reconnaît au plus une valeur provisoire : « Cela s'arrangera » ; on affirme enfin que l'idée dont on est engoué triomphe au moment même où les esprits la repoussent et où les faits la démentent. Ou bien on s'indigne contre les obstacles de tout ordre que l'idée rencontre ; on consent à les voir, mais on entend les briser ; on entre en lutte contre les personnes et contre les choses ; on se montre un énergumène et un forcené. Le fanatisme, comme l'entêtement, se débat ainsi dans une alternative de faiblesse et de violence ou oscille de l'une à l'autre.

Enfin l'ascétisme, qui est dans le principe la

guerre déclarée aux passions, dégénère de même en faiblesse ou complaisance inavouée à l'égard des passions coupables ou en fureur déchaînée contre les plus naturels et les plus innocents désirs. L'idéal vague et confus dont il part n'est pas atteint, faute précisément d'être exactement défini et en termes tels qu'il soit humainement accessible. Alors on use de forfanterie : on heurte de front la nature humaine, on méconnaît les lois, les conditions nécessaires de son développement normal, on les prend à rebours, on les contredit à plaisir. Mais c'est en vain : la nature se venge des violences qu'elle subit : des passions imprévues, subtiles et grossières, se glissent dans l'âme de l'ascète; le diable ne perd rien. Il faut alors, une fois encore, déguiser sa faiblesse, couvrir d'un voile complaisant des misères honteuses.

En résumé, l'absolutisme, sous toutes ses formes, implique contradiction : il vise un but et en atteint un autre. Il consiste à poser un idéal tenu non seulement pour légitime, mais pour obligatoire, sans s'enquérir des moyens de le réaliser ni même de savoir s'il est réalisable, à rejeter toutes raisons qui détournent de l'atteindre, que ces raisons soient tirées du fait ou du droit (qu'on oppose, par exemple, des difficultés pratiques ou un idéal meilleur), à s'interdire, en un mot, toute possibilité ou autorisation de reculer ou de sortir de

la voie tracée. La foi, la prévention et l'entêtement
ici se rencontrent, se renforcent, et, au besoin, se
suppléent. L'absolutisme a un caractère intellectuel, moral et volontaire : le caractère intellectuel
apparaît plus clairement dans le fanatisme ; le caractère moral, dans l'ascétisme ; le caractère volontaire, dans l'entêtement ; mais ces caractères
se rencontrent tous à quelque degré dans chacun
de ces états.

L'absolutisme peut être défini encore un idéalisme *de tête*. Il se complaît dans les déclarations
de principes. Il est théorique et vague. Mis à
l'épreuve, il apparaît chimérique et vain. Son pro-
gramme, par cela même qu'il est tracé largement
et à grands traits, est convaincu d'être, au moins
en partie, arbitraire et irréalisable. On ne laisse
pas, néanmoins, de le maintenir à titre d'idéal
lointain, d'indication et de guide. Mais alors l'absolutisme se transforme, il transpose son ambition
et son orgueil : il élève, et fait profession d'élever
l'intention au-dessus du fait. Ainsi modifié, il
s'appelle le *formalisme*.

Mais le formalisme lui-même ne peut se maintenir que par une fiction, par une méconnaissance
des lois de la réalité, par une interprétation forcée
des faits. Il faut suivre jusqu'au bout la chimère
où l'on est entré. La logique ici même ne perd pas
ses droits. On opère alors une diversion, on

change le sens des mots : une attitude devient un
caractère, ou en dispense et en tient lieu. La
pensée s'égare en métaphores. Cela s'appelle le
symbolisme, nom poli du pharisaïsme ou de l'hypocrisie. *Idéalisme de tête, formalisme, symbolisme*, tels sont les aspects divers, les phases successives et les conséquences logiquement enchaî-
nées de l'absolutisme.

L'absolutisme dérive donc de la présomption.
Il consiste à poser un idéal vague et à s'entêter
de cet idéal, si chimérique qu'il soit, puis à soutenir tant bien que mal le rôle qu'on s'est ainsi
légèrement attribué. Il s'aggrave encore de ce fait
que non seulement on n'est pas fixé sur l'idéal à
atteindre, sur ses exigences pratiques, sur ses
suites naturelles, mais encore on ne l'est pas sur
sa volonté même, sur le mode ou le degré d'adhésion qu'on accorde ou qu'on doit à la fin posée.
On peut en effet fort bien avoir un idéal dont on
est résolu à ne point se départir, auquel on entend
conformer sa vie, et ne pas savoir si cet idéal
représente un enchantement ou un devoir, s'il faut
et suffit de s'en laisser charmer, de se griser de
l'enthousiasme et des joies qu'il cause, ou s'il
faut s'y dévouer comme à une tâche grave, aus-
tère, qui commande le renoncement et l'effort.

Enfin, de quelque façon qu'on s'attache à
l'idéal, on ne peut jamais répondre entièrement

de soi ; le caractère, en effet, évolue et se transforme ; ce ne sont pas seulement les circonstances
qui font défaut ou se montrent contraires, c'est la
volonté même qui ne se soutient pas, qui s'abandonne et se trahit. Quand on parle de la banque-
route de l'idéal, on peut le plus souvent entendre
les défaillances de la volonté.

On ne reste pas fidèle aux goûts de sa jeunesse ; on perd l'enthousiasme et la foi ; on se
lasse de vouloir et on renonce à l'effort. L'entêtement, le fanatisme et l'ascétisme sont donc vains,
parce qu'ils prétendent lier à jamais la volonté,
sans en avoir mesuré le pouvoir, sans en connaître
les ressources, sans en avoir éprouvé ni prévu les
crises. Ils représentent une gageure qu'à tout le
moins il est imprudent de faire et qu'on n'est pas
sûr de tenir.

Toutefois, la condamnation de l'absolutisme ne
doit pas entraîner celle de l'absolu. L'absolu est
la forme que tend naturellement à revêtir toute
pensée sérieuse, tout sentiment profond, toute
volonté fière. Cette forme est inséparable de ce
qui fait, à nos yeux, le prix et la dignité de la vie.
Mais c'est une erreur de croire qu'elle se suffit à
elle-même ; elle est vide, et il s'agit de la bien
remplir. En d'autres termes, il ne suffit pas de
tendre à l'absolu, encore moins d'y prétendre, il
faut le réaliser. La bonne volonté même ici ne

compte pas, car si l'on pouvait se retrancher derrière les meilleures intentions, prises à l'origine,
cela reviendrait à dire qu'on peut donc se mettre
en règle une bonne fois avec l'absolu, et se per-
mettre ensuite toutes les défaillances, sophisme
ordinaire, comme on sait, des esprits intransigeants. En fait, dans l'ordre moral comme dans
l'ordre physique, rien n'est jamais, en un sens,
définitivement acquis, et l'échec de l'absolu provient précisément de ce qu'il est conçu comme
une forme rigide, appliquée à un contenu vivant,
lequel le fait éclater et le brise, de ce qu'il est une
règle imposée du dehors aux faits psychiques, un
décret qui pèse sur eux, au lieu d'être une *loi* de
ces faits (dans le sens que la science donne à ce
mot), loi qui en respecte et n'en fausse pas la nature, n'en entrave pas l'évolution.

Il y a un *a priori* systématique dans les sentiments et la volonté comme dans les idées. Aux
esprits trop pleins d'eux-mêmes, qui interrogent
sommairement les faits, les interprètent librement, hardiment, préjugent l'expérience au lieu
de la suivre, répondent les volontés téméraires,
cassantes, sûres d'elles-mêmes, de leur énergie et
de leur constance, sans s'être jamais éprouvées,
sûres de leur voie, ne croyant jamais avoir à se
corriger ni à se reprendre, sûres enfin de leurs
sentiments, n'en mettant en doute ni la légitimité

ni la durée, fermées à l'expérience qui pourrait les entamer et les réduire. Ces natures présomptueuses et légères défient le changement ; elles croient garder toujours intacte la foi en l'idéal qu'elles ont adopté ; la vérité est qu'elles ne sentent pas venir leur déchéance inévitable et fatale, qu'elles assistent, sans le comprendre ou sans se l'avouer, à la dissolution de leur idéal, qu'elles entrent dans la voie des compromis ou de la violence pour sauver, comme on l'a vu, leur défaite morale.

A ces caractères systématiques et absolus s'opposent ceux qui se placent en face de la vie sans parti pris ni idée préconçue, qui en reçoivent une impression directe et sincère, qui se mettent à l'école de l'expérience, au lieu de faire la leçon aux faits, qui laissent en quelque sorte respectueusement leurs idées se former et leurs sentiments éclore, sans en diriger le cours, sans en hâter ni brusquer l'évolution. Il semble qu'à ces esprits manque la notion de l'absolu. La vérité est qu'ils réalisent l'absolu presque sans y tendre, en tout cas sans aucunement y prétendre. C'est ce qui prouve l'exemple caractéristique de la pudeur.

Un esprit systématique éprouverait le besoin de comprendre la pudeur avant de la ressentir, et ne la ressentirait que selon la notion, sublime ou

grossière, mais toujours arbitraire, qu'il s'en serait
forgée. Ainsi naissent, à ce qu'il semble, ces sentiments faux et extrêmes, qu'on appelle la pru-
derie et le cynisme. Part-on de l'idée que la pudeur
est un sentiment héroïque qui élève l'homme au-
dessus des besoins inférieurs de sa nature, la pudeur devient alors le culte idolâtrique de la virginité, la honte malsaine de l'amour, conçu comme
une flétrissure et un péché. Part-on de l'idée contraire, que la pudeur est une superstition et un
préjugé, c'est de la pudeur alors qu'on rougit et
de la sensualité grossière qu'on tire gloire et vanité. Telle théorie sur la fin et l'objet de la pudeur
est ainsi un principe de déformation de ce sentiment. Bien des vices se rattachent au pédantisme
sentimental, à la manie de maximiser, d'élever à
l'absolu un aspect accessoire, arbitrairement isolé,
d'un sentiment complexe.

Supposons, au contraire, une âme simple,
s'abandonnant avec une foi candide au sentiment
qu'elle éprouve, à l'amour, par exemple, le lais-
sant germer et éclore, jeter des racines profondes,
se fortifier et croître, ce sentiment qui se cherche
et s'ignore, incertain de sa voie, semblera tout
relatif et changeant ; mais par là même qu'il
n'aura d'autre garant que lui-même, il puisera
dans la conscience de sa force et de son élan naturels le sentiment de sa dignité et de sa valeur, en

même temps qu'il aura celui de sa responsabilité propre ; il sera sérieux et grave, il revêtira de lui-même la forme de l'absolu. Or, le sentiment du sérieux de l'amour, c'est là toute la pudeur ; c'en est du moins le principe. La pudeur paraît sans doute entrer en lutte contre l'amour ; on dirait qu'elle consiste à en prendre ombrage, à le redouter et à le fuir. Elle est en réalité seulement l'amour qui se respecte, qui ne veut pas se devancer lui-même, qui attend son heure, qui se soumet aux épreuves nécessaires, qui accepte les conditions de son développement normal. La pudeur est le trouble anxieux d'un amour qui naît, s'ouvre à l'espérance, mais qui n'ose s'avouer, doutant s'il trouvera grâce, et peut-être aussi doutant de lui-même, de sa constance et de sa force. Elle ne se rencontre que dans l'amour droit, loyal, et qui cherche les garanties du bonheur. Elle n'est pas seulement liée à la naissance, mais encore au développement et au progrès de l'amour. Elle est sa sauvegarde. Elle crée autour de lui une atmosphère de loyauté et de bonne foi par le respect qu'elle inspire et par les réserves qu'elle impose. Elle est, avons-nous dit, l'incubation de l'amour. Elle s'assure que l'amour réunit les conditions qui le rendent viable et fort, la réciprocité de la tendresse et de la confiance, l'entière communion des âmes. Plus exactement, elle est l'inquiétude

de l'amant, auquel cette assurance n'est pas donnée. Elle est donc un sentiment inséparable de
l'évolution de l'amour.

Aussi semble-t-il parfois qu'elle doive dispa-
raître dans l'amour victorieux. Mais, outre que
l'évolution de l'amour n'est jamais achevée, que
ce sentiment se transforme et s'enrichit sans
cesse, la pudeur n'est pas nécessairement un état
d'inquiétude et de trouble. C'est ce qu'on sent
d'une façon vague, mais claire, sans pouvoir toujours l'expliquer, quand on reconnaît qu'elle demeure entière dans la pleine et calme jouissance
de l'amour heureux. Si on va au fond de la pudeur, si on la dégage de ses aspects multiples, de
ses formes changeantes et contraires, on décou-
vre qu'elle est le sentiment de l'absolu dans
l'amour. Or, l'absolu doit se rencontrer au terme
plus encore qu'à l'origine de l'amour et au cours
de son développement. A vrai dire, la pudeur, ou
le sentiment de l'absolu, se rencontre à toutes les
phases de l'amour ; la difficulté est de comprendre
comment cela est possible.

Mais cette difficulté n'existe que pour ceux qui
partent d'une fausse conception de l'absolu, qui
se représentent l'absolu dans l'amour, par exemple, comme une forme idéale et a priori de ce sentiment, forme arrêtée et fixe qui ne saurait être
atteinte, si jamais elle l'est, qu'au terme de l'évo-

lution de l'amour, mais qui présiderait, dès le principe, à cette évolution, qui la dirigerait, qui en serait l'inspiration et le guide, en même temps que la fin. L'absolu, ainsi entendu, se déroberait d'ailleurs toujours plus ou moins à nos prises; il serait toujours à quelque degré un rêve, que l'expérience de la vie fait paraître de jour en jour plus décevant, qu'elle conduit ainsi à abandonner en fait, alors même qu'on déclare y rester fidèle en principe.

Selon nous, l'absolu est, au contraire, non une forme idéale que nos sentiments aspirent vainement à réaliser, mais un mode de sentir, de nature en quelque sorte religieuse et grave, qui se rencontre en toute âme douée d'une vie intense et profonde. La notion de l'absolu est liée, sans doute, à celle de l'idéal, en ce sens que celui qui éprouve, à un moment donné, dans une situation psychologique donnée, le sentiment de l'absolu, ne conçoit rien au delà de la situation présente, rien de plus désirable et de meilleur, et trouve ainsi dans la réalité l'idéal. Mais dans le sentiment de l'absolu ainsi défini, l'âpre goût de la vie et des jouissances réelles entre pour beaucoup, pour plus sans doute que les satisfactions idéales. L'idéal se trouve en quelque sorte atteint par cela seul que le sentiment éprouvé l'est avec une passion ardente. C'est l'évolution du sentiment qui

fait surgir en quelque sorte l'idéal ; autrement dit,
l'idéal ne se révèle qu'à mesure qu'il prend corps
dans la réalité. L'idéal est donc *a posteriori* ; il se
dégage peu à peu de l'expérience psychologique ;
loin de la précéder, il la suit ; loin de la diriger, il
se règle sur elle.

Il suit de là que l'absolu peut exister à toutes
les phases de l'évolution d'un sentiment. La vie
psychologique existe, en effet, tout entière à
chacun de ses moments ; les divisions du temps
n'y sont qu'artificiellement applicables ; elle ne se
divise pas en fractions réelles ; elle se développe,
comme un fleuve, d'un cours continu ; la plénitude
du bonheur, l'absolu qu'elle réalise, ne tient pas
au détail plus ou moins riche des joies qu'elle
donne, à la totalité de ces joies, mais à la façon
dont chacune est sentie et goûtée ; c'est ainsi que,
suivant une comparaison de Descartes, un petit
« vaisseau » peut être aussi plein qu'un grand.
Autrement dit, un sentiment vaut par la qualité
d'âme qu'il révèle, et cette qualité est par nature
inaltérable ; elle peut se manifester diversement,
être mise en lumière ou laissée dans l'ombre, être
rehaussée, mise en valeur, ou au contraire anni-
hilée et comme refoulée par les événements de la
vie, mais en soi elle reste la même et elle ne peut
ni diminuer ni croître. L'absolu, comme mode du
sentir, est cette qualité d'âme qui consiste à entrer

pleinement dans la vie, plus exactement dans les sentiments humains, ou, au moins, dans l'un d'eux, à s'y plonger tout entier, à en toucher la profondeur, à en mesurer l'étendue, à s'y livrer sans compter. Cette qualité est naturelle, non acquise ; on peut y prétendre, on ne se la donne pas ; elle ne tient pas à la nature, j'entends à la dignité, à l'élévation morale, à la grandeur des sentiments éprouvés ; elle est plutôt ce qui confère aux sentiments les plus humbles leur dignité, aux plus nobles, leur grandeur. Elle paraît grandir elle-même alors que les sentiments évoluent, gagnent à la fois en complexité et en puissance. Elle est en réalité toujours semblable à elle-même ; mais, suivant la belle expression latine, elle est « égale » à toutes les situations morales, à tous les sentiments, ou elle les égalise. C'est ainsi qu'il n'y a pas, à proprement parler, de « meilleur moment des amours » ; l'amour, à tous les moments et à tous les degrés, peut être goûté dans sa plénitude ; il serait donc alors successivement, à tous ses degrés et à tous ses moments, le « meilleur ». C'est ainsi encore que la pudeur peut se transformer sans se perdre, et demeure entière alors qu'elle a cessé de se troubler, de rougir et n'apparaît plus.

Ce qu'on vient de dire de l'absolu dans l'amour, il faudrait l'appliquer à l'absolu dans tous les sen-

timents, dans tous les états d'âme. Alors que le
faux absolu est un idéal de convention auquel on
s'impose de croire et on s'efforce en vain d'atteindre, une attitude morale dans laquelle on voudrait se fixer et qu'on ne peut soutenir, un masque
de raideur sous lequel se déguise une faiblesse
réelle de cœur et de volonté, l'absolu véritable est
la forme naturelle de tout sentiment droit et fort,
sérieux et profond, qui se développe en toute
loyauté et franchise, qui ne prétend point à l'idéal,
mais se repose pleinement en sa réalité propre,
comme si elle était déjà l'idéal atteint, qui n'arrête
point l'essor des sentiments, mais qui se retrouve
la même, fixe et constante, à travers la diversité
des sentiments qui évoluent et se transforment.

Les plus graves erreurs de conduite, les plus
fâcheuses orientations de la pensée et des sentiments procèdent de la commune et fausse conception de l'absolu. Ces erreurs témoignent sans
doute du respect que l'absolu impose et sont
comme un hommage indirect qui lui est rendu ;
mais elles trahissent surtout la vulgaire et cho-
quante prétention d'acquérir une qualité qu'on
envie, prétention bien vaine, car s'il est une qualité innée, un don de nature, c'est à coup sûr celle
qui porte la marque de l'absolu. Ôter à des vertus
de parade et à des vices bien portés et arrogants
cette marque, ce serait leur ôter l'éclat par lequel

ils se soutiennent et en imposent, faire tomber leur prestige. Carlyle soutient que ce qui fait les héros et ce qu'on adore en eux, c'est la simplicité d'âme et la bonne foi, c'est la vérité largement humaine, quoique d'ailleurs relative à leur temps, à leur race, à leur éducation et à leur caractère propre, qu'ils ont répandue dans le monde, c'est surtout la conviction ardente, absolue qui les animait et qu'ils ont fait passer en d'autres âmes, en raison et par la vertu même de la sincérité qu'on sentait en elle. Si ce n'est là en effet tout l'héroïsme, c'en est du moins la meilleure part. De même, ce qui fait la valeur d'une passion, d'un sentiment, de tout état d'âme en général, c'est qu'ils représentent, pour ceux qui l'éprouvent, l'absolu, pourvu qu'ils le représentent en effet, et que l'absolu ne soit pas seulement, en de tels cas, un objet d'ambition sentimentale, aussi arrogante que mal fondée. Si l'absolu est la forme la plus haute des sentiments humains, la prétention à l'absolu en est, en effet, la plus méprisable. *Corruptio optimi pessima !*

TABLE DES MATIÈRES

30-10-03. — Tours, imp. E. Arrault et Cⁱᵉ.

www.ingramcontent.com/pod-product-compliance
Lightning Source LLC
Chambersburg PA
CBHW070415090426

42733CB00009B/1684